The Direction of Dharma Drum Mountain:
Its Volunteers

法鼓山的方向

萬行菩薩

聖嚴法師 著

編者序

實踐人間淨土的指南

佛陀在世時，弟子以佛為師，佛陀涅槃後，弟子以戒為師，佛教因此得以續佛慧命，聖教不衰。而在法鼓山創辦人聖嚴法師圓寂後，法鼓山應如何繼續擊響法鼓、普傳法音呢？

聖嚴法師曾說：「虛空有盡，我願無窮。我今生做不完的事，願在未來的無量生中繼續推動，我個人無法完成的事，勸請大家來共同推動。」《法鼓山的方向》不但凝聚聖嚴法師的悲願，更是四眾弟子修學佛道的道路，依著護持法鼓山的共願，齊心建設人間淨土。

法鼓山的由來與方向

《法鼓山的方向》原為一本結緣小手冊，出版於一九九五年，可說是當時聖嚴法師帶領法鼓山教團重點性、原則性的指示方向。如同聖嚴法師在〈自序〉所說：「這冊小書，為我們說明了法鼓山的由來及其行事的原則方向。」在聖嚴法師領眾篳路藍縷創建法鼓山後，四眾弟子便依此方向耕耘人間淨土。

「法鼓山」一名，始於一九八九年購得臺北金山的土地，由聖嚴法師將此命名為法鼓山開始。法鼓山不只是一個新建築的地名，隨著籌建過程而有了僧團、護法會、基金會，以及各會團組織的發展，逐漸形成法鼓山教團，讓「法鼓山」成為社會大眾耳熟能詳的佛教團體名稱。

法鼓山是以教育工作來完成關懷的任務，又以關懷工作達成教育的目的。因此，法鼓山為信眾、義工等單位舉辦各類教育成長課程、共修活動、讀書會活動、研習營等，皆是用佛法來做自利利人的服務，彼此支持、共同成長。只要聖嚴法師在臺灣期間，不論法務如何繁重，總是撥冗給予大眾精神勉勵，而後整理成文刊登於《法鼓》雜誌，並結集為《法鼓山的方向》書稿。讓聖嚴法師對四眾弟子身、口、意行為的殷殷叮嚀，法鼓山道風、發展方向的提點等，能以文字般若醒醐灌頂。

推動法鼓山理念的具體手冊

從一九八九年，法鼓山的創立，到二〇〇九年，聖嚴法師捨報為止，二十年之間，法師對法鼓山、弟子們的殷殷叮囑的智慧法語，猶如無盡的智慧寶藏。因此，《法鼓全集》新編小組於編輯舊版《法鼓山的方向》時，召集人果毅法師即提出，應將創辦人所有對體系成員的開示、致詞等新收文稿，整編為數冊，完整收錄創辦人對法鼓山團體的理念、創建，以及指導方針、方法。期望《法鼓山的方向》能成為四眾弟子修學佛法、護持佛法、弘揚佛法的依歸，全方位理解創辦人的理念、願心，認識法鼓山歷史與團體，實踐人間淨土的願景，並清楚法鼓山未來發展的方向。

為此，《法鼓全集》新編小組重新整編《法鼓山的方向》全部文稿，由果毅法師訂定出六冊的六大主題：理念、創建、弘化、關懷、護法鼓手、萬行菩薩。總書名定為《法鼓山的方向》，即是呈現聖嚴法師對於法鼓山發展的定位、方向。

第一冊　法鼓山的方向：理念

收錄聖嚴法師重要的法鼓山核心思想，介紹法鼓山的理念、共識、使命與願景。〈四眾佛子共勉語〉、法鼓山的共識、法鼓山的使命、心五四運動、法鼓山的四大堅持，皆是四眾弟子應牢記於心的共同理念，皆是凝聚法鼓山願心的方向。

第二冊　法鼓山的方向：創建

介紹法鼓山的創建緣起與歷程，解說法鼓山的參學與導覽，以及教育與學、分支道場。了解法鼓山的開山因緣、教育志向，以及開枝散葉的願力，更能珍惜與護持正信佛教，確信法鼓山的方向，即是此生堅信不疑的學佛道路。

第三冊　法鼓山的方向：弘化

收錄聖嚴法師在各地弘化的演講和開示，以及各年主題年的祝福與期許。主題年的勉勵法語，也成為法鼓山安定社會的一股力量。無論是法會、活動，或是文化、出版，聖嚴法師無遠弗屆的慈悲與前瞻洞見，都能啟發人們的菩提心。

第四冊　法鼓山的方向：關懷

收錄聖嚴法師的生活佛法整體關懷，包括佛化家庭、樂齡長青、臨終關懷、社會關懷，讓人們能以佛法安心、安身、安家、安業，以法鼓山的方向為人生的方向，心安就有平安。

第五冊　法鼓山的方向：護法鼓手

聖嚴法師一生「盡形壽，獻生命」，由每年的各地關懷行、成長活動，對護法會勸募系統開示，以及對僧團的期許，即能感同身受。盡心盡力為鼓手的核心精神，關懷別人、成長自己，此為推動人間淨土的重要力量。

第六冊　法鼓山的方向：萬行菩薩

收錄聖嚴法師對於各會團義工、專職人員的開示，從如何當好義工，應有的心態、身儀、口儀等，都有詳盡解說與提醒，以幫助大家成就六度萬行，成為身心莊嚴、廣種福田的人間菩薩。

每本書的策畫都是為了法鼓山的方向，都能提醒回歸創辦人為弟子們所立下的理念、精神、方針、方法。本套書以「理念」為首冊，即是因為只要偏離理念，即非法鼓山的方向，即非正信的佛教。法鼓山的方向，就是法鼓山的修行道路，就是建設人間淨土的菩薩道。

《法鼓山的方向》是聖嚴法師一生悲願之所在，是他從「願將佛法的好，與人分享」的初發心，逐步踏實的點滴成果。過程中，因有眾人的同行，得以成就法鼓山的這方淨土。因此，這套書更是他願心與願行的成就，是他帶領四眾弟子共同創建法鼓山的實際操作手冊。

這些文章開示，您可能有幸曾在現場聽聞，再次溫習將猶如聖嚴法師身影重現慈悲關懷。即使是三十年前的勉勵、啟迪，也是歷久彌新，依然能深刻感受到一代佛教導師的高瞻遠矚與開創性悲願。

成佛之道的指路明燈

此套書不但是法鼓山發展方向的依歸，更可成為每一個人修學佛法的指路明燈，讓我們以精進不息菩薩行，穩健走在佛道上。選在聖嚴法師圓寂十週年的此刻出版，也是一份對法師的緬懷與感恩。而對法師最好的感恩，就是實踐法鼓山的理念。

因此，《法鼓山的方向》除可幫助個人閱讀成長，可做為讀書會教材，也適合用於教育訓練課程的教案。如果能推而廣之，法鼓山的生活佛法，將能造福全世界，只要邁向法鼓山方向，成佛之道在眼前；只要好願在心中，當下即是人間淨土。

法鼓文化編輯部

目錄
CONTENTS

發菩提心，行菩薩道——萬行菩薩

奉獻自我，成就大眾——專職人員

以關懷心出發
——勸募會員、護法會

勸募會員的條件

勸募會員有榮譽、功德及責任

（一）榮譽

在所有的鼓手中，勸募會員挑起比較大的責任，這是一份光榮。

（二）功德

成就人就是功德，成就人比成就自己功德更大。勸募會員幫助他人少花一些無謂的錢，將這些錢存進無盡藏的銀行。勸他人存款是功德；因為這種存款，成就了其他的人接觸佛法、修學佛法。接觸佛法的人又再去勸其他的人來修行，影響所及，功德廣大。

（三）責任

度眾生是三寶弟子的責任，因此拿到勸募簿時，應該多找些時間去接觸不同的人，告訴他們佛法，勸他們來參加。有責任去幫助人、去度眾生、去護持三寶，成為勸募會員應該感到很高興。

勸募會員努力的目標

法鼓山是一個理想、理念，大家都是共同來推動這個理念的人。今天知道法鼓山的人尚不很多，五年以後，大家會以參與法鼓山理念的推動者為榮，會有很多人因法鼓山而學佛，受法鼓山各項文宣的影響而學佛。法鼓山出版的書籍，將使不同層次的人士，都能得到佛法的利益。

勸募會員的條件

（一）有善心

淨化以後的善心和愛心，叫慈悲心，這是一種與人為善、聞善而喜的心。也就是在與人相處時，希望別人是好人，但願別人都能得到更大的利益。

（二）有時間

人人都很忙，最閒的人也是最忙的人，有人找朋友閒聊，天南地北，就是老半天；有人每天打上八圈、十六圈麻將；或者去水邊垂釣一整天，他們其實很閒，卻都忙得很。沒事的人到鄰居家裡串門子、居家老在看電視，也都以為非常地忙碌。既然有心要做好事、幫助他人、護持三寶，就應該在佛前發願，願自己能從現在的生活中找出時間，去做想做的善事好事。據統計報導：歐美人士平均每天做社會服務工作的時間是十五分鐘，日本人八分鐘，臺灣的中國人不到一分鐘。聽來我們真該慚愧，缺少對於社會的關懷。

時間可以伸縮，只要懂得爭取時間就有時間，例如洗衣服，可以花二、三個小時，也可以只花二十分鐘。因為沒事的人，常常是慢慢地磨，把時間給磨掉了。只要爭取時間，人人都有時間。

（三）有修行的方法

自己有修行的方法，同時也教人有修行的方法。一般的修行方法有：

1.念佛：不論念任何一尊佛號或菩薩聖號都一樣，念佛要一門深入地念，不要常常改變，開始時念哪一尊佛號，就一直繼續地念。念佛有二種方式：

(1)散心念：沒有計數地念，縱然一邊念佛一邊打妄想，但是念久了，妄想自然會減少。散心念佛不需固定的時間，只要是不在動腦思考，隨時隨地都可以念佛。一旦遇到颱風，可以念南無阿彌陀佛，中東發生戰亂，也念南無阿彌陀佛。散步時念，開車時念，做日常工作如洗衣、煮飯、掃地時，也可以念。

(2)專心念：手持念珠，計算數字，就是專心念。念一句阿彌陀佛，撥一下念珠，數一，再念一句……，數二……，念到十，再重新從一開始，這是專心念佛。

2.拜佛：最好能有固定的時間及固定的次數。每天早上、晚上，進門、出門，都要拜佛，要養成習慣。

3.深一層的修行方法：遇到心頭很亂或身體疲倦時，可以依下列所述之方法把身心放輕鬆。

姿勢坐直、坐正。

很輕鬆地將雙手覆放或仰放在膝蓋上。

臉部肌肉放鬆。

眼鏡拿下，眼球、頭腦不用力，眼皮下垂，可閉眼睛，也不一定閉起眼睛，可以若有若無地睜開，看向正前方，但不去注意看任何東西。

把小腹（肚臍眼的上下）及腸胃放鬆。

如果是坐著，重量感從頭上移到臀部的著力點；如果是站立，則重量感放在腳掌。

緩緩注意鼻孔呼吸的出入，觀想是吸入新鮮、快樂、歡喜的空氣。重心的感覺向下，不要控制它，感覺很舒暢、很輕鬆。如呼吸很奇怪，就不要注意呼吸，改成默念南無阿彌陀佛。

身體的任何部位都放輕鬆以後，幾分鐘之內身心便可以安定下來，使頭腦冷靜、和平。小腹不能放鬆的人，把二隻手掌扶著背後的命門處，能夠放鬆之後，再把手移開，此時要想像自己是個大肚包容的人。

修行的觀念

（一）不為己求

可以為家人、親友、社會、世界、眾生求，但不為己求。不為己求是最健康的修行觀念，否則容易產生各種不良後果。不為己求，可以把自己的問題擺下，問題就不存在了。例如血壓升高時，就為怨家債主念佛，願他們離苦得樂，自己也能消災免難。

（二）不求速效

個人的業有深有淺、有大有小，障礙也是一樣。修行不能期望立竿見影、立刻藥到病除。不能想著自己已經念了三天的觀世音菩薩，拜了一個月的觀世音菩薩，怎麼還沒有用呢？修行不求速效，即使沒有感應，心平氣和便是功效。

（三）無所求

學佛的人，不為己求，不求速效，不顯己功，不為己勝。

修行就是自己的生活、責任，也是自己的本分、生命，修行和自己的身心是連在一起的。是佛教徒就有責任修行，修行不是為使自身得益，而在能夠影響其他的人，人人離苦得樂，便是自利利他的菩薩行。

（四）不選擇時間地點

無時、無地不是修行的時間和修行的道場。要提醒自己是三寶弟子，不要違背佛教徒的原則。時時檢點身、口、意三種行為，一有錯馬上知道、立刻懺悔，念一句阿彌陀佛，希望下次不要再犯，要常反省，隨時要調柔自己的心。

具備以上四個觀念，一定很健康，就可保證你絕對不會因為修行而走火入魔。

勸募會員應有的心態

（一）不要怕自己是向他人要錢或想自己是在向他人要錢，也不要一開口就向他人要錢。師父不曾要錢，就是法鼓山，也是為了拯救人類社會弘揚佛法。

（二）不要想自己是在麻煩別人、打擾別人。心中一定要想：我是在幫他的忙，是在推廣佛法；是在為著提昇人的品質，建設人間淨土而祈求他人。

（三）不要害怕讓別人知道自己是佛教徒，佛教徒智慧和慈悲表徵，是人間社會的希望。

（四）不要擔心自己不會講話，面對陌生人，不知道如何啟齒時，你應觀想：「他正需要佛法；他本來就是佛教徒。」如果他已經是佛教徒，你可以說：「我也是佛教徒。」馬上拿出法鼓山的文宣或佛學小叢書，如果投緣，就把師父的書或錄音帶介紹給他。

如果他有其他的宗教信仰，你可以跟他拉近距離，表示任何宗教都很好，如果他說：「你信我們的教好不好？」你可以說：「這些宗教的內容，佛教都有，我還是信佛教。」如果他沒有宗教信仰，就送給他一本書，給他電話號碼，和他做個朋友，他看了書可能會和你聯絡。或者就是他把你忘了，也沒有關係，你送出去的十本書，給了十個人，只要有一個人有反應，你就大大地成功了。

（五）不要擔心不懂佛學，沒有佛法常識。我們要不厭其煩地和人接觸，不論是走在街頭、搭乘公車、買菜購物或上班工作，都可以隨時隨地把因果觀念，以及師父的二十句共勉語等佛法告訴他人，如果人家說：「佛教徒是很消極的。」你說：「過去的佛教徒缺乏受教育的機會，可能有人消極，但是現在的佛教徒是積極的，我們都是在做救人救世的事。」

（六）募款就像在教人儲蓄、教人把錢存到三寶的銀行裡，勸募會員就像是輸血、輸水、輸營養的管道，是為互通有無的服務，是做醫生的工作，是做救急、救難、救命濟世的工作。我們的錢不是直接去救濟貧窮，而是救濟人類的精神、思想、心靈的災難和疾病。

結語

現代人努力於物質文明的建設，缺乏精神、心靈的建設。我們法鼓山就是針對今日人類社會最欠缺的精神健康和心靈建設而做奉獻。我們的社會紊亂，就是因為人心有了問題：只知要求他人而不要求自己，只知原諒自己而不原諒他人。要挽救這個社會不是只從物質努力就夠了，物質文明的進步，並不就能免除人心的恐慌和苦難，因為那只是治標的方法，不是治本的方法。唯有從心理上、精神上、心靈上使人能堅強起來、健全起來、健康起來，才是治本的方法。我們法鼓山的任務，就是在推動「提昇人的品質，建設人間淨土」的工作，不僅是佛教徒，而是每一個人都應該有的共識。

（原收錄於法鼓山小叢刊《法鼓傳法音》）

護法會勸募會員聯誼會開示

從大會開始到現在，我很受感動。一年多來，有那麼多居士護持，使人感受良深。剛才一真法師提到他是來自韓國雲門寺僧伽大學，我在日本留學時常有人問我來自何校，系出何門，我卻答不出來。當時國內並無後援，亦無人希望我回來貢獻所學，那時我四十五歲，國內的法師、居士，極少接受過正規的高等佛學教育，多靠個人自修完成。二十年前，知識分子不敢自承是佛教徒，當時佛教被視為迷信，佛教既無人才，也無培養傑出人才的事業和環境。我在國外曾遇到越南比丘，都是受某大學、某寺院支援。他們問我從何來，我說我從中國來，當時感覺真像一孤兒，相較之下，實在感觸甚深。我只能祈求三寶加被、觀世音菩薩加持，使中國成為正知見的佛教，而不是迷信的佛教。

後來我很幸運由中國文化大學邀請，擔任設於該校校園的中華學術院佛學研究所所長，才有機會為國內佛教貢獻教育的心力。恰如前面陳秀蘭居士所言，確實相當辛苦，如嬰兒自呱呱墜地成長至十歲般不易。我自己因為從小失學，無人培養，故要盡我所能，培養優秀而有志學佛、或研究佛學的青年，不管在家出家，不要像我那樣地辛苦自修。但今天佛教是否已隆盛了呢？沒有，因為弘法的人才太少。許多地方尚缺行解並重的法師，連正信的居士也不普遍。我的著作《正信的佛教》發行量已超過一百萬冊，但在國內的佛教徒中卻有很多人不知有這一本書，更何況能寫佛書的人太少。只因現在的法師和居士們，也靠自己摸索而來。我到四十六歲左右才開始弘法，因為培養人才首重紮實的基礎，各方面要做長期計畫，不是一蹴可成。今天的佛教徒，懂得正確的佛法的人太少，許多自稱佛教徒的人，依然在算命、問未來，而正信的佛教應該是從修持上、觀念上、信心上入門，付出時間與耐心來努力。如施玉美居士所說，朝聖若無虔誠心與師父的臨境開示，那僅是旅遊觀光，難獲如此感應。

現在我們要興建的法鼓山，即為導人正信而孕生。

從中華佛研所肇始，現在國內已有八、九個佛教的研究所，相當令人欣慰。今天中華佛研所海內外皆知，我會將佛研所和法鼓山辦好，以期不負大家的厚望。我常講，特別傑出的人才不需他人給予教育，中上人才則必須由教育的環境中養成。現在這個時代，固然需要默默耕耘的修行人攝化眾生，但更須培養更多言教與身教並重的法師和居士，佛法才能既遠且廣。身教有用，但不能傳之久遠、推之廣大。古時祖師若無文章傳世，我們便無從受其教化。

佛教有盛有衰，如大陸文化大革命之後，佛教近乎滅絕，要仰仗海外佛教的反哺才能復甦。大陸上很喜歡我和印順老法師的書，原因在於現代人要讀現代人寫的書，所以培養人才很重要，若沒人寫佛書弘法，佛法就要滅亡了。佛法好，但無人知，就是因為沒人才。基督教、天主教有神學院教育，具大學程度，素質整齊。臺灣有一窩蜂流行風潮，如飆車、玩股票、炒房地產。人少之處，更需人才去弘法講經。有大學畢業青年，就讀佛研所，佛教才會有人才。

「寺院本身就是佛學院」是我們的目標——不培養人才獨立弘法的話，寺院會變成其他宗教的神學院，只有佛教人才才能對佛、神、鬼做正邪之辨。法鼓山是自由而開放的道場，草創之初難免會有阻力，大家要有信心。法鼓山不是只念書的研究所，主要是指導人們正確修行，如法修行，信受奉行，教人體驗佛法。若我回到三十歲，則幸運太多，有研究所可讀，有人支持出國進修，有可貢獻所學的地方。基礎的教育環境是需要的，好像水泥磚頭般；高層次的教育架構也是必要的，好像房子的樑柱，才不怕狂風豪雨，這就是我們研究所的任務。我感謝諸位大德的護持，衷心祈求觀音菩薩加被，希望學生們安心讀書，優秀的老師來此任教。

各位發心為護持法鼓山，常會退墮道心與慈悲，法鼓山不是我個人的事業，釋迦牟尼佛和歷代祖師的弘化都不是為了他們自己。各位除了物質的生活外，還有精神的生命。碌碌一生，所帶走的為何呢？若齊心戮力支持法鼓山，續佛慧命，這份功德將跟隨你們直到成佛為止。我不是個感性的人，很多人聽我演講，但極少和我談話後便受感動的，這是我的福報不夠，修持不夠所致。承蒙各位不棄，能和我共同努力，希望大家發長遠心，不管聖嚴在或不在，這是為了佛法，更為了每人的福德智慧之積聚。信心要堅定，不要只為了外在環境或內心衝突的影響而變更了護持法鼓山的願心。祝福各位身體健康、福慧增長。

（一九九〇年三月二十五日講於護法會勸募會員聯誼會，刊於《法鼓》雜誌四期）

法鼓山的原由與勸募

這次我到四處拜訪，最主要的目的是要慰問大家、勉勵大家，同時也是要感謝大家對於法鼓山、中華佛學研究所的支援及支持，並向諸位說明法鼓山的原由，以及勸募的意義。

創建法鼓山，旨在推廣佛法、培養佛教弘法及指導眾生修行佛法的人。

人才式微，立願辦教育

為什麼要推廣佛法、培養弘法人才？自是有它因素存在。

佛教發源於印度，東漢時期傳入中國，如今佛教卻在印境消失，歸結原因，肇端於人才的凋零。

在印度，各個宗教一旦發生了辯論，敗者即拜勝者為師。佛陀在世時，有舍利弗、目犍連、迦葉等在聽到佛說法之後，自覺不如釋迦牟尼佛，即帶領其座下弟子皈依佛。

西元八世紀時，印度教人才輩出，經常到處尋求其他宗教人士展開辯論，當時由於佛教界缺乏知識通達的人才，一場辯論下來，往往是數百名，甚至數千名的佛教徒臣服印度教徒的座下，長期演變結果，佛教終於抵擋不住人才匱乏的窘境而式微。

中國的佛教也因為諸多複雜因素的紛擾，呈現出起伏不定的局面。清末民初時，大部分信佛的知識分子甚至不敢承認自己是佛教徒，深怕被他人譏笑為消極或是逃避現實的人。

目前，佛教已逐漸廣為人接受，但是仍然有待努力。大陸的佛教正值恢復期，而臺灣的佛教徒們又多停留在民間信仰的層次，更有一些人是屬於附佛法外道；真正了解佛法、有正知正見的佛教徒並不多。只要談起佛教，一般人總會抱持兩種極端的看法：一種認為佛教很高深，要很有學問的人才能略窺一二；一種則說信佛教是迷信的行為，和拜偶像、吃香灰的愚夫愚婦沒有兩樣，只有愚昧之人、老人家才會信佛。為什麼會產生這種看法，推究原因在於佛教界缺乏鑽研佛法及大力弘揚佛法的人才，導致佛法不能順利廣布世間。

目前國內的佛學院平均維持率在三十多家，經常是今年辦，二、三年之後便又停辦了，為什麼呢？沒有好的師資人才是原因之一，沒有好的老師講解佛經，就不能吸收好的學生前來修習佛法。若老師本身不熱衷佛法的肯定及佛法的弘揚，自然無法激起學生們弘揚佛法的悲願，雖然佛學院畢業的學生在知見上絕無問題，但是已有弘揚佛法、講經及開示的能力者太少。

佛教教義是如此地好，歷代祖師又是如此辛苦地將發源於印度的佛教傳入中國，並且一代、一代地弘傳，但是到了晚近，卻因為弘法人才的缺乏，不但無法將佛法的正知、正見傳布給眾生，反而給眾生一種佛法是高不可攀的感覺，甚至是迷信的印象，這種現象的確令我們心痛。

基於上述種種的原因，我立願要從高層次的佛教教育辦起，積極培養優秀的師資人才，再將這些既懂修行方法，又能夠弘揚佛法、撰寫通俗文章的專門人才，一步一步地扎根，切實做到弘揚佛法的責任。

場地受限，遷建迫在眉睫

創立法鼓山是有它的考慮因素，也有它現有的基礎存在。所謂現有的基礎是包括中華佛學研究所和農禪寺兩部分。

中華佛學研究所的前身係從附設於中國文化大學的中華學術院佛學研究所衍生而來。一九八一年研究所開始招生，後因文化大學創辦人張其昀先生因病住院治療，又逢文化大學改制，故於一九八四年停止招生，一九八五年，又假臺北市北投區中華佛教文化館為所址，創設「中華佛學研究所」開始再度招生，至一九九〇年度截止，已招考了六屆。合諸文化大學時期，中華佛學研究所已有近十年的時間。

經過近十年的演進，中華佛學研究所的人員愈來愈多，教學設備也愈加擴充，場地的確不敷使用，另外，研究所的畢業生亦逐年增加，為了能讓他們繼續深造、研究，必須擴建。

而農禪寺原本是中華佛教文化館的下院，近年來，由於住眾及參與經常性共修活動的信眾愈來愈多，致使該場地有狹隘之虞，尤其「關渡平原都市計畫」實施後，農禪寺所能保有的土地約為一千坪，其中能建地只有三百坪，勢必無法建造出大規模的講經、弘法場所。

基於這兩方面的考慮因素，我們不得不另覓吉地以便遷移。

振聾發瞶，法鼓法音

法鼓有什麼意義？它的理念又是什麼？在《法華經》中有提到法鼓這個名詞：「唯願天人尊，轉無上法輪，擊于大法鼓，而吹大法螺，普雨大法雨，度無量眾生，我等咸歸請，當演深遠音。」所謂「擊大法鼓」，就是敲佛法的鼓，鼓也是過去戰爭中，軍隊進攻衝鋒陷陣時用來鼓舞軍心的樂器。我們擊法鼓的目的就是振聾發聵，期使人人都能得到佛法的益處，而它的本身即蘊涵有「積極、精進、進取，以佛法化度眾生」的意義，而這正是法鼓山命名的由來。

未來的法鼓山，不僅要培育佛教研究、教育、文化等種種的優秀人才，也要培養在家人對佛法做更深一層的研究，再藉著他們的專業廣布佛法，使更多的人能夠接受並且應用佛法。

我們要提昇人的品質，建設人間淨土，是靠每個人從自己的內心開始做起，每一個人都要經常心存慈悲心，先照顧自己的心，再照顧與自己有關係，甚至沒有關係的人。

募款弘法，結下善因緣

其實，發善願希望別人能和自己一樣得到佛法的利益，也是一種弘法。雖然參加護法會勸募活動的目的是要募款，但是真正的目的是要弘揚佛法，讓別人和自己充滿法喜。如果我們只是希望別人給我們錢，是不正確的。

同時我們在募款時，也不要心存這是聖嚴師父要錢，或是我要錢的觀念；我們是在幫助別人存錢，將錢存在絕對可靠的功德銀行，它不僅是無盡藏，而且是一本萬利。法鼓山弘法的功能，能夠影響千萬人，這些錢的力量也結了千萬人的緣，不僅是現在，甚至未來幾百年、幾千年，法鼓山弘化的力量影響所及之時，這個緣就結上了，即使存進去的是一塊錢或一百塊錢，功德則是無限的。

我們雖然募款，但不是存心為自己要錢，別人也沒有欠我們錢，我們是希望幫助他們，讓他們知道這些錢花費得有意義，讓他們多了解一點佛法，使他們明白佛法對他們有幫助。

祝福諸位身心健康、菩提增長、早日成佛！

（聖嚴法師接見會員開示，刊於一九九〇年十一月《法鼓》雜誌十一期，原收錄於法鼓山小叢刊《法鼓山的方向》）

勸募會員的任務

各位勸募會員、護持會員：祝福大家，萬事如意。

護持法鼓山辦教育事業，不管是用財力、用體力，或是用腦力、用心力，都有大功德。不論出錢多少，凡是以虔誠心來盡心盡力地護持，功德就是最大的。

法鼓是用鼓聲來比喻佛法的功能，有醒世的作用。如果你能用佛法的智慧來使別人離苦得樂，使自己減少苦惱，這敲的就是法鼓。因此，法鼓山不僅是一個地名，是指所有弘揚佛法的地方就是法鼓山，只要有人因你而接觸到正信的佛教，聽聞到正確的佛法，你就代表著法鼓山。

法鼓山的第一期工程，是中華佛學研究所的遷建，目前借用的中華佛教文化館，場地已不敷使用，到一九九五年為止，已有十二屆畢業和結業生，共一百零八人，其中已在國外獲得博士學位者三人，正在日本、美國、加拿大、德國、印度等國繼續深造者三十多人，其他都在國內從事佛教的教育、文化、行政、寺院管理、進修、自修等。遷建後的硬體，可供一千多人同時在山上研究及做修行與講習等活動。第二期工程為一所大學及安養院、修養中心、佛教博物館等。

至於法鼓山什麼時候能夠建設完成呢？以園遊會攤位來做比喻，我們賣吃的東西，要先計畫買菜、配菜、洗揀切菜等步驟，然後才能炒菜上攤位；法鼓山現在是在做菜階段。我常對勸募會員說，法鼓山需要大錢，也需要小錢，目的是希望能結千萬人的緣，讓大家都能夠接觸佛法而接受佛法，便是募款的目的。

法鼓山的會員，也就是推廣佛法、淨化人間的鼓手，然而在弘化人間的過程中，可能會遇上非正統的佛教徒。對於這些人，除非他們是自動脫離外道信仰來成為正信的佛教徒，否則不要批評他們，也不要到他們的組織裡面去拉人。當我們遇到他們時，只要把法鼓山的理念告訴他們，讓他們知道就好了；我們不僅要尊敬所有的宗教，也要包容其他的宗教。不過，我們可以包容他們，不是去認同他們來改變我們的立場。

諸位在為法鼓山做勸募工作時，希望非常順利，但有人覺得勸募是件相當困難的事，原因也許是不太會跟陌生人講話。當遇到這種情形時，不要灰心，更不要因此失去信心。當作如此想：「我沒有要他的錢，也不是法鼓山要錢，而是眾生需要佛法，就像醫生需要血漿，是為了需要輸血救命的人而要一樣。」

如果我們勸人家每天少吃一粒檳榔、少抽一支菸，就可使他人養成儲蓄的習慣，並利用這些錢來幫助別人或自己。儲蓄的性質有很多種，有的人只有一年，有的人終生儲蓄，還有一種就是佛教的募款與捐獻，稱為無盡藏的存款。像這種的存款，永遠不會被倒掉，佛法中又稱為種福田。以法鼓山為例：即使你們現在只出一塊錢，但法鼓山將來發揮的力量，會使無數人得到利益，這樣的功德就太大了。這種功德何時能兌現呢？1.今生就能得到幸福，來世轉生人間後的福報很大，會得到許多貴人幫助。2.生到天道中享天福。3.到了成佛之時，智慧、福德皆可圓滿。

（刊於一九九一年四月《法鼓》雜誌十六期，一九九五年五月二十八日重寫於美國紐約，原收錄於法鼓山小叢刊《法鼓山的方向》）

勸募勿求急功

問：初加入勸募活動時，無法切實掌握解說法鼓山理念的重點。請問是不是能整理出一份完整的資料，或教導正確翔實的介紹方式與架構？

答：這個問題的確很重要，這非但是新進勸募會員容易遭受的挫折，實際上這個問題還普遍地存在於大多數的會員心中。

在日常的人際關係中，當你遇到陌生人時，心想：「不知該如何講起。」這是很自然的現象。即使是熟識的好友，你也經常會忽略了介紹「法鼓山」，老是拿著勸募冊，開口就要錢。

「要錢」，實在不是法鼓山唯一的本意。我們對於每一位擊法鼓的「鼓手」的勉勵，是「學習佛法，受用佛法，護持佛法，弘揚佛法」。希望你將學佛之後所體認到的佛法對人生的助益，散播給你周圍的人。而法鼓山所一再倡導的「佛法」，就是教我們心平氣和，身心愉快；教我們把日子過得充實有意義，幸福少煩惱。

如果我們能以輕鬆的話題導入，或者是談一談對方心裡的憂愁與煩悶，自然就能引起對方繼續深談的興趣。所謂「家家有本難念的經，處處都有煩心的事」，每個人都有各種不同的煩惱，如果我們能在適當的時機、適當的場合，以適切的態度，用不同的方法解除他的煩惱、減輕他的痛苦，自然就能成為他生命中的「貴人」，也順理成章地可以接引他來學佛。解除煩惱的方式很多，最簡單的方法就是持誦，或是念聖號。煩惱輕的教他誦持〈四眾佛子共勉語〉，煩惱多的教他時時刻刻持「南無大悲觀世音菩薩」聖號，或念「阿彌陀佛」等聖號，時間久了自然能有效地解除煩惱，然後再介紹他一些我們印贈的小冊子，請他聽一些錄音帶，日子一久，自然就能因緣成熟。所以與人結緣的程序是：先談他、幫助他，再談弘法與護法，絕對急不得。

對於統一的簡介資料，在活動推廣時，助益可能不如各位所預期的多。所以不要在意因為解說不順利而造成的挫折感。當別人拒絕了我們，我們依然要平心靜氣地跟他保持聯絡，一旦因緣具足時，一定會使他成為我們的菩薩伴侶。所以，請大家不要求急功。不求急效，不求立竿見影，只要持之以恆，一定可以達成度化眾生的心願。

問：為了進行勸募工作，經常利用公家設備及上班時間，是否犯了盜戒？

答：我們可以從兩個角度來說明，一種是我們使用公家的資產，再將利益回饋到公家去。例如政府的收入是由人民的稅金而來的，我們雖然不是政府，但也希望從事公益事業，這時使用公家的產物，並非為了自己利益，而是為公共謀福利。以這個角度來看，如果上司沒有限制，應該是沒問題；但若是上司有所微詞，就不要使用，因為他不知道這是公益事業，無法認同，就會批評我們是假公濟私。相反地，如果我們的上司認為這是好事，如此就沒有關係。

但是以另一個角度來看，買磚頭的錢不能拿去買瓦，別人捐錢給法鼓山，指定買水泥，我們就不可以買磚頭，指定買鋼筋，就不能拿去買木材，這是比較嚴格的作法。

因此，如果真的迫不得已，上司並且認同了，這件事也不算是太大的問題。

問：我們做勸募工作，有時會遇到對方捐款以後，因他本身也為其他道場募款，徒增無比的困擾，請問遇到時該如何應對？

答：這種情形我自己也曾經遇過，就是我勸募時，對方會說我今天幫你忙，你也要幫我忙，這就成了相對勸募。如有這種情況我會拒絕他，並且告訴他你護持你的，我護持我的，當他有多餘的力量時才來護持我們，如果沒有的話，護持其他道場也是很好的事，因為護持三寶都是相同的。每個人都會選擇自己覺得比較需要護持的道場，但是不要說你護持我這邊一百元，我也護持你那邊一百元，結果等於兩邊都是捐兩百元，這樣乾脆自己捐兩百元，為什麼要互相捐來捐去。也因此，我們要知道做功德是沒有條件的，重要的是在自己的發心。

問：從事勸募工作時，感到自己各方面尚有習性還未臻完美，覺得沒資格做好這份工作，因此心裡面非常矛盾困惑，請問師父該如何調整心態？

答：不要要求自己像聖人一樣，我們都是凡夫，只要覺得自己修持不夠，具有慚愧心，一邊努力修正自己，一邊將正確的佛法告訴別人，別人聽了佛法之後，也許比我們更有善根，可以做得更好。就好比有些人玩球玩得很好，我們告訴他這種球比那種球好，可能我們自己根本不會打球，但是讓別人玩得很高興，也是很好的事。

因此我們不要用聖人的尺度要求自己，而是希望自己能從凡夫的過程中漸漸修正自己，所以要常常心懷慚愧心，做錯事要懺悔，這就是道心。什麼道呢？就是菩薩道、菩提道，能夠有自知之明，自己知道不行，就是行；自己知道不好，就是好。

（一九九二年三月九日講於中和、永和小組長聯誼會，刊於《法鼓》雜誌三十三、三十六、四十期）

勸募會員的心態

諸位都是法鼓山的鼓手，在以往多次的活動中，常常見到各位參與。然而身為法鼓山的一員，應以何種心態從事勸募工作？

「法鼓山的鼓手」所應抱持的心態是：1.不是為自己找錢。2.不是為聖嚴師父找錢。3.不是只是為了找錢，而是為了關懷他人。如果能有這樣的健全心態，就不會開不了口，困難自然就少了。我們真正的目的，是要接引更多的人來修學佛法。就像我常說的：佛法有這麼多的好處，如果只有這裡的弟子，或是只有佛教徒受益，那是太可惜了。愈是未接觸佛法的人，愈是需要我們接引；如果遇到已是三寶弟子，或是已護持其他道場的人，我們要尊重對方。

勸募的意義並非在做「業績」競賽，因此不要一味地想要找大魚、拉肥羊。我們應該檢討的是，究竟接觸了多少人？用法鼓山理念幫助了多少人？至於他們捐了多少錢，並不是很重要的問題。只要持之以恆地「接觸」，總有一天能夠改變他的觀點。如果一時無法改變，也不要以強硬的手段破壞了法鼓山的形象。只要在客觀條件配合得宜的情況下，無論是宣揚佛法，還是勸募善款，都會進行得十分順暢自然。若從另一方面來看，我們向社會大眾推廣佛法，就是護持佛法，也是「護持三寶」的表現。

勸募工作，並不只限於口才好的人能做，例如勸募會員蔡清山居士那一小組裡，有位王美惠居士，她本身並不擅詞令，但是有很多人都因為她的老實個性，而願意經由她的引介來護持法鼓山、親近法鼓山。所以，善於表達的人，利用自己的長才，多多宣揚推廣，固然不錯；不擅言詞的人，也可以用其他的方式，把「勸募」工作做得同樣出色。

我們見到人，就主動表示自己是三寶弟子，是法鼓山農禪寺的信徒，很自然就能與對方輕鬆地進入主題。最近，新聞媒體對「法鼓山」、「農禪寺」所做公益事業的報導愈來愈頻繁，這些對於介紹說明法鼓山事業體都有所助益，只要逐步地利用文宣資料，一定能讓大家接受，並進而來親近佛法、學習佛法、護持佛法。

如果在勸募的過程中，遇到其他道場的護持會員，也應該一視同仁地接引。不要強迫他們只能選擇一邊，更不要以「交換條件」相互支持。因為，每一個道場都有其淨化社會的目標，只要他們肯來「農禪寺」、「法鼓山」，時間久了，對我們了解得更多，他們自然會做選擇。而每個人經濟、時間、能力也都有限，如果以「交換」的方式互相支持，只會增加自己的負擔，並沒有多大的意義。就像是原本可以成為棟樑的大樹，因為需要它的地方太多了，將它均分給每一個需要的地方，結果，每個道場都僅能得到一支牙籤或一片角材，對整體的建築就幫助不大了。

（一九九二年九月二十一日講於第三屆法鼓傳薪，刊於《法鼓》雜誌三十五期，原收錄於法鼓山小叢刊《法鼓山的方向》）

如何做好勸募會員？

做為法鼓山的勸募會員，不是以募款為主要目標，而是要以推廣、推動、推行法鼓山的理念為目的，能夠將佛法在人間推行，使得人人都能用佛法幫助自己、家庭以及社會上相關之人。

法鼓山就像是一個大家庭，彼此之間沒有利害關係，甚至比自己的家庭還要親切、和睦、友善。在法鼓山的體系之下，需要彼此的關懷。如何做好關懷的工作呢？通過聯誼會、助念團、讀書會、共修等，都能夠幫助我們。

成立讀書會分享心得

聯誼會不僅僅是吃喝、唱歌或者是聊天，而是互通訊息、互訴衷曲、互相關懷、互相幫助。有時候，自己心裡的話，心中的困難，連父母、夫妻、兄弟姊妹都不能講，但是，可以和同修道友講，互相把難念的經念出來，看看如何解決，變成好念的經。我曾說過，有苦難時，念《心經》裡面的兩句話「照見五蘊皆空，度一切苦厄」，但是，必須先要了解五蘊皆空是什麼意思！

聯誼會要如何進行？時間如何運作？分組如何分法？雖然已經有聯誼會的模式在，但是，聯誼會的性質、原則和觀念，必須重新修正，並且也要有計畫地成立讀書會。

讀什麼書呢？諸位一定會說讀《金剛經》、《心經》，或者聽《菩提道次第廣論》。剛開始時不要讀這些，我們要有及時實用的觀念。

很多會員會想：「參加法鼓山並未得到利益，每個月只是捐款，師父、各位法師及召集委員都那麼忙，我的問題沒有辦法解決，到底要問誰呢？」這是錯誤的。諸位必須自己想辦法去了解佛法，師父寫的、講的，就是希望大家能看、能聽、能學、能用。

二十句〈四眾佛子共勉語〉，諸位都會背嗎？都能用到嗎？只要能用得到，相信任何問題都能解決。共勉語這本小冊子，在讀書會時就可以拿出來討論，讀書並不只是照著念。譬如說，法鼓山的理念是什麼？「提昇人的品質，建設人間淨土。」也許諸位認為：理念只要會念就好，至於如何提昇？如何用法？這些跟我沒有什麼關係！因此，讀書會的功能就是要把師父的東西變成自己的，隨時隨地都能應用在日常生活中。

有人問我：「師父是否會有煩的時候？是否也有起退心的時候呢？」當然有，但是，我知道如何用方法及觀念來調整我自己、幫助我自己。這些方法我都講過了，諸位跟師父學習，就是要學習這些東西，不要老是跟師父抱怨：「師父啊！我的頭也痛、腳也痛，怎麼辦呢？」事實上，我也常常生病，低血壓、低血糖，講話很費力，聲音總是有氣無力的。

擔任主持人鼓勵發言

也許有人認為書在家裡看就好了，為什麼要讀呢？果稠法師曾經也說過：「師父，讀書會大家沒興趣的啦，出席了一、兩次就不會再參加的了！」我說：「成立讀書會要有技術，今天讀了哪幾條，最後每一位都要問，都要會講。」

因此，讀書會中將會訓練出每一位參與者都是稱職的主持人，主持人隨時隨地要打圓場，要提起在場每一位發言的意願，並且鼓勵那些不善講話的人也能樂意講話。

譬如說，某位女菩薩不太喜歡講話，她不講話沒關係，等到大家講完之後，主持人就問：「某師姊，妳贊成他們哪一位的意見呀？」她可能回答：「都好啊！」這樣，她已經講了一句話了，接著問她：「妳比較願意接受誰的意見呢？」她說：「我比較願意接受某某師姊或師兄的意見！」再問她：「剛剛他講了好多話，妳最贊同的是哪一點呢？」

這樣，漸漸使得素來不善於在大眾集會場合講話的人，也能表達自己的看法了。讀書會、聯誼會就是這個樣子，幫助不善於講話的人有熱心和信心講話；幫助有困難、有問題的人，獲得紓解。

我常常看到讀書會、討論會時，每次發言的都是固定的少數幾個人，因此，主持人必須控制每一位發言的時間，這樣的讀書會才會成功。

讀書會先讀師父的文章，不是馬上讀大經大論，那是曲高和寡。大經大論固然很好，但要先從簡要實用的讀起。而我講的《佛子共勉語》及《法鼓傳法音》第一、二冊、《法鼓山的方向》、《心靈環保》、《禮儀環保手冊》，以及每期《法鼓》雜誌所載師父的開示，則是很實用的東西。諸位是法鼓山的勸募會員，必須對法鼓山的理念、共識，對聖嚴師父的悲願言行，都要很清楚。否則那又如何能做推廣法鼓山理念和悲願的鼓手呢？

舉辦聯誼會彼此關懷

還有，法鼓山的人一定先做好關懷的工作。共修是非常重要的，很多人喜歡打坐共修，是很好的，對自己的身、心安定，有很大的幫助。但是，僅靠個人打坐，不能產生人與人之間的共鳴，無法促成彼此間的互相幫助、互相扶持。因此，聯誼會可以和共修會一起舉行，一開始，先做共修，共修的時間不要太長，共修之後接著開聯誼會，或是讀書會，這個時候，氣氛非常凝聚，向心力也很強。

聯誼會不是談別人家庭的是非，而是報告自己有些什麼困難、苦悶，或者有些什麼好人好事，有些什麼事覺得由於修學佛法而非常受用。

也許，有人會說：「我沒有那麼多的事情好講呀！」其實，餐廳裡、馬路上、辦公時、居家時，會有各種各樣形形色色的人，以及他們演出的故事，只要在平常的生活裡能夠留心觀察，關懷人間，就不難產生種種的受用和感觸。

師父教的方法很多，用於個人的、用於團體的都有。因此，希望諸位做一些反省，是否經常運用佛法幫助自己、幫助他人呢？如果煩惱重，經常跟這個作對，跟那個鬧彆扭，人品又如何能提昇？所以，每位勸募會員都要來推行心靈環保及禮儀環保：行為彬彬有禮，出口不講粗俗話、低俗話、流俗話，生活正常規矩。諸位都有《心靈環保》及《禮儀環保手冊》這兩本書，但是，你必須自己看過、讀過，才能介紹給別人看！否則，只是叫人家看，自己都不認真地體驗這兩本小書在講什麼，又如何能感動他人響應法鼓山的理念，而成為法鼓山的會員呢？

當你介紹師父的書時，要這樣告訴人：「這些書很好，我看了以後對我很有幫助，過去我口沒遮攔，喜歡亂講話，現在比過去好多了。」不管別人是否認為你已改變，只要自己覺得在改變，這樣，自然就能產生信心，把勸募的工作自然帶動起來。

我在各地推行法鼓山的理念之後，為什麼大家還是覺得困難多、煩惱多呢？主要的原因是對師父所推廣的理念及方法知道得不多、運用得太少。因此，諸位要練習著多看、多讀、多講，然後告訴人，使他人接受佛法，再來參與我們、認同我們。不要只做勸錢、募款的會員，而更重要的是讓更多更多的人認同法鼓山的理念，獲得佛法的利益，這才是名副其實的法鼓山的勸募會員。

（一九九五年五月六日講於美國東初禪寺，姚世莊居士錄音整理，刊於《法鼓》雜誌七十二期）

一師一門．同心同願

——一九九九年對勸募會員的新春開示

阿彌陀佛，大家好，我是聖嚴師父，歡迎諸位回來拜年，我代表法鼓山全體的僧俗四眾，祝福大家新春愉快，平安無礙。今年（一九九九）四月，我們法鼓山的開創就滿十年了。區區十年對一個小孩子來講，算是尚未成年，但對一個團體而言，應該是相當成熟了。所以，我們要以一種成年人的心態來看我們自己的團體。另一方面我也很感恩諸位菩薩對法鼓山理念的護持和勸募，如果沒有諸位的熱心參與，那麼，法鼓山只是一個名稱，而不是一個團體；假使只有名稱，而沒有任何的行動力，就無法讓我們的社會感受到這個團體的存在。法鼓山是因為有諸位菩薩的參與及護持，才有今日的成就，但我們不能因此自滿。

光榮且神聖的使命

我們一再強調「提昇人的品質，建設人間淨土」的理念，經過了十年，人的素質雖有成長，仍待加強的地方也還很多，諸位菩薩們表現在外的法鼓山精神尚不夠落實。雖然我們經常被讚歎，凡是法鼓山的人，其人品皆較一般人優秀、健康且平易近人，但是我們不妨反省一下，這樣的目標是不是真的達成了？我相信離這個目標仍有一段距離。不過大家已經知道法鼓山的理念，也認同這個理念的意義，覺得這個理念確實是大家都需要的，才會參加法鼓山的勸募或護持，而成為法鼓山的一員；這一點是我想要感謝大家，也想再一次勉勵大家的。

相信諸位菩薩對這樣的因緣一定會感到欣喜，因為大家的人品提昇了，煩惱也比以前少了，家庭比過去和樂多了，這些都是你們自己的努力所得到的成果。諸位菩薩已經做得很好，但萬萬不能得少為足，因為我們的社會還有許多人不知道法鼓山的理念，以及運用法鼓山的理念，他們的煩惱、痛苦仍是處處可見。我們可以從報紙、電視以及其他各種媒體的報導，看到各種層出不窮的社會病態。這並不是說社會上所有的人都那麼壞，而是我們的努力還要加強，不斷地推廣，讓我們法鼓山的理念能夠遍及世界各個角落，使更多的人受益。這是我們做勸募的責任和義務，也可以說是一項非常光榮且神聖的使命。

要知道，在釋迦牟尼佛的時代，他開始弘法時只有自己一個人，由於他的人格健全、思想健康，遂影響了一個又一個的弟子，而每一個弟子又影響了許多的人，然後這種影響再一代代地流傳下來，至今儼然已為社會安定的磐石。現在我們法鼓山的勸募會員已將近五千人左右，這四、五千位菩薩都是我的化身，也可以說是釋迦牟尼佛的化身，是推廣正信、正確、正知、正見佛法的一群菩薩，所以我們要有「不為自己求安樂，但為眾生得離苦」的宏深願力，將自己所得的佛法利益向外傳播出去，這是我要勉勵大家的地方。

感化自己、感動他人

另外，我們這個團體是以師父所提倡的理念為中心，師父也就是指導諸位修學佛法、實踐菩薩道的導師；師父是以法為師，你們是以師父為師，同時以師父所推廣的理念為依據。

如何能夠懂得更多的佛法，如何能使自己產生推廣佛法的熱忱和毅力？諸位菩薩經常要練習著說：「我們聖嚴師父說……。」例如：「我們聖嚴師父說：需要的不多，想要的太多；需要的才要，想要的不重要；能要該要的才要，不能要不該要的絕對不要。」這樣才能將師父的理念，也可以說是師父所推動的佛法，不斷地傳誦。還有二十句的〈四眾佛子共勉語〉，像「慈悲沒有敵人，智慧不起煩惱」、「忙人時間最多，勤勞健康最好」這類師父的話，也請你們隨時隨地應用它，才能領悟其中的妙處。

又如《紅塵道場》、《人間擺渡》、《聖嚴法師法鼓集》等師父的語錄，都可以隨時運用，即使是一句、二句，就可以受用無窮盡。還有《法鼓山的方向》以及《人間淨土》這兩本小叢書，諸位也要好好地閱讀和了解，才可以隨時隨地將師父的話琅琅上口，完成推廣佛法的使命；讓接觸到你們的人，聽到所說的話，也可以從中獲益，這也是自利利人的一種方法。

師父的話並不是口號，而是要照著去做、去實踐的。要能說，也要能行，在推動的時候就是一種最好的「身教」。當我們口裡說著「聖嚴師父說……」，這樣對師父的向心力及對團體的認同感就會逐漸增加。我們要先用佛法感化自己，然後再用行動去感動人，如此才能使人漸漸地接受法鼓山的理念，也使勸募的工作愈做愈好。

生命中最重要的一部分

所謂「一師一門，同心同願」的意義，就是說諸位菩薩既然是法鼓山的勸募或護持會員，就要時時刻刻以法鼓山的理念、師父的化身來指路。師父所說的話和理念，就是諸位生命中最重要的一部分，這樣對你們自己本身、家庭生活，或推動勸募的工作，都有很大的用處。諸位菩薩一定要隨時提醒自己，你們是法鼓山的一員，聖嚴師父是你們的老師，跟隨聖嚴師父學習佛法，平時多看師父的書、多看師父的電視弘法節目、聽師父的錄音帶或看錄影帶，這樣才能「同心同願」，和聖嚴師父的理念結合在一起。

聖嚴師父今年已經七十歲了，但是不要以為聖嚴師父已經老了或住世的時間不久了，其實這樣的觀念是錯誤的。釋迦牟尼佛雖已過世二千五百多年，但佛法至今仍然流傳著，利益了無量的眾生，我們也因此都非常感恩釋迦牟尼佛。同樣地，我的弟子、法鼓山的會員也是一樣，雖然不能天天親炙師父，接受教誨，但是你們只要會善用各種文宣媒介，運用聖嚴師父推廣的佛法，就等於和聖嚴師父在一起，聖嚴師父的祝福就能夠隨時得到。

希望法鼓山在新的一年裡進入新的里程，人品的素質更提昇，護持我們的會員繼續增加，勸募的工作再接再厲；勸人來護持三寶的事業，實際上就是幫助人把錢存放到無盡的功德裡，是永遠不會枯竭的。一般人把錢存在銀行生息不多，如果把錢存在三寶的無盡藏中，興辦佛教各種文化教育的事業，將佛法普及人間，這個功德是永遠的，是無限量的。所以，大家要擔起這項使命和責任，這不是一種壓力，而是一種光榮；只要願意發這樣的一個願，就不會覺得很忙或很累，甚至會愈忙愈有時間，愈忙愈健康。

這是我的信念，我自己的身體不是很硬朗，每天處理事情的時間也很長，但我的心是健康的，因為我明瞭「忙人時間最多，勤勞健康最好」。所以也請大家學習師父的精神，共同為建設這一塊人間淨土來努力。祝福大家，阿彌陀佛！

（一九九九年二月二十七日講於北投農禪寺對勸募會員的新春開示）

願力無窮盡

法鼓山這個團體是為了弘揚佛法，藉由勸募方式推廣法鼓山的理念，讓大家用佛法來自利利人。雖然護持的人數成長、品質的成長，以及金額的成長，三者間有連帶的關係，但有其輕重之別，其中應以人品的提昇為最重要，第二是人數的成長，第三才是護持金額的成長。

勸人布施，募人學佛

進一步來說，勸募是以「勸人來布施」的方式，與人建立關係，讓人藉布施的因緣來關心法鼓山，而後接受正信的佛法，再用正信的佛法幫助自己、關懷他人。也就是以勸募來達成教育的目的；因此，如果我們只捐款，而不知道用佛法來幫助自己、關懷他人，便離我們所希望的目的還有一段距離。

教育是百年樹人的事業，不是短時間就可以見到成效的。因此來參與我們這個團體，推動社會淨化運動，需要具備耐心，否則很容易便會感到失望，誤以為我們做的事情很少。大家應該能體會，我們不是沒有發揮力量，只是成果是需要長期累積的；所以對於還能夠繼續參與我們這個團體，繼續推廣法鼓山理念的護法大眾，我是非常感恩的。

例如我們在九二一災區所進行的人心重建工作，就是用佛法的觀念疏導與安撫災民的心理，這項工作不易著力，而且在短時間內，民眾不易感受到好處，成果也無法立竿見影，唯有長時間持續地深耕，才能看出人心教育潛移默化的力量。

又例如，最近我不斷地與各界傑出人士進行對談，主要目的就是希望點一把精神的、觀念的火把，藉由對談的形式把這個火把打高一點，讓全國人民都知道。把這個精神、觀念的光芒打亮之後，接下來便要靠諸位菩薩在我們團體中及社會各界將影響力擴大。具體的內容則是推廣「心」五四運動，讓佛法的觀念利益更多人，但這也不是可以速成的，必須長時間地投注心力。

目前在法鼓山上進行的第一期建設工程，涵蓋三個部分：

（一）中華佛學研究所遷建工程。

（二）僧伽大學（佛學院）工程，部分校舍預計明年秋天完成，屆時也將進行第一屆招生。

（三）僧團與護法體系的修行環境工程，包括禪堂、大殿、大齋堂等，完成後將可在山上持續舉辦各式各樣的修行活動。目前大殿、接待大廳和齋堂的工程已經發包，禪堂和女寮預計今年七月可以發包。

第二期工程是法鼓大學，預計在今年年底就可以進行整地工程；不過如果為了配合法令的修改而做調整，也可能會稍微延後，剛好我們可以有機會以非常謹慎的態度，一次次檢討、改善我們的設計。我相信如此謹慎、踏實的態度是值得的，事實上，法鼓山這種謹慎、踏實、堅守原則以及不假特權的態度，已經贏得了各方面對我們這個團體的尊敬。

對未來充滿信心

不過，有很多人擔心法鼓大學的籌辦狀況，因為現在臺灣的大學已經有一百多所，還有正在籌畫中的，外國大學也紛紛來臺招生，就連大陸也開放臺灣的學子到大陸去求學。所以就有人說，法鼓大學如何與這麼多學校競爭呢？

對於這個問題，我們在籌畫之初就已經思考到了，所以法鼓山要辦的是和其他大學不一樣的學府，不以競爭為目標，有別於傳統路線，結合國際與本土的新創意、新想法、新作法，善用最新的機會與軟硬體設施，善用因緣順勢發展，因此法鼓大學將是前景可期的。

今天的「滿點加油」活動，是請大家來發願共同護持，不是為我個人，而是為法鼓山全體信眾，以及所有的眾生。至於這個願什麼時候才會滿呢？

如果是發一個願，希望達成某一個目標，例如發願希望在一段時間內做完一件工作，或是接引多少人加入護持的行列，這是很容易做到的。但是「眾生無邊誓願度」，臺灣二千四百萬人口，我們都沒有辦法讓每個人得到佛法的利益，而且除了我們這一代以後還有下一代，除了臺灣之外還有全世界，眾生既然是無邊的，願力就應該是無窮盡的。現在法鼓山所做的，正好是我們上求佛道，行菩薩道的大福田，同時在護持的過程，也能參加禪七、佛七等修行活動，精進成長。

「滿點」代表每次階段圓滿了以後的歡喜，「加油」代表要永遠持續下去，諸位今天來參加這個活動，可以說是一個階段的滿點。面對未來，我們還是要繼續以永不歇止的願力，為弘揚佛法及法鼓山的理念而加油！

（二〇〇〇年四月十六日於北投農禪寺滿點加油感恩聯誼會開示）

對護法菩薩的關懷信

諸位菩薩：阿彌陀佛！

我明天就上飛機，前往紐約，接下來，又是一連串為世界和平、為弘法利生、為法鼓山理念的推廣而忙碌。在我出國之前，特別寫下這封信，當你收到這封信的時候，我人已在國外，但是我的關懷永遠沒有離開你們。

我非常地感恩你們，也對你們感到非常地抱歉，一向以來你們付出得那麼地多，但是我的關懷卻總是不夠；所以這次回國，我特別到全省各區進行巡迴關懷，我相信我到的時候你有在場，也見到了師父，感受到師父的關懷，如果你這次沒到，我期盼你也能看到這封信。

在這裡，我要特別地拜託大家——要把關懷做好，關懷好你自己、關懷好你的家庭、關懷好你的勸募會員，並勉勵勸募會員關懷好他們所照顧的護持會員及與你相接觸的所有的人。另外也請你們一定要看《法鼓》雜誌，鼓勵會員們多看《法鼓》雜誌，為什麼要看《法鼓》雜誌呢？因為我的時間及體力，沒有辦法時時到各地去關懷大家，但是從《法鼓》雜誌上，可以感受到師父對大家的關心及關懷，也可以看到法鼓山最近為淨化社會做了些什麼事；法鼓山菩薩對哪些事、哪些人做了什麼關懷；還有哪些人、哪些事需要我們大家一起來關懷。

師父非常關心你們的身心是否平安？這次到各地關懷時，有的菩薩師父見到了，但有些菩薩師父並沒有見到，或許在忙吧！但是我還是想把我的關懷再一次地傳達給你，也請你一起來做好關懷的工作。因為我親身的體驗，能夠直接做好關懷工作的人，才是福慧雙修的人，才是成長得快、受益得多的人，那就是我們的好鼓手，也是在推廣法鼓山理念的萬行菩薩。

祝福大家　心安就有平安！

聖嚴　手啟

二〇〇三年四月十五日

滿願發願
——師父寫給我們大家的信

慈悲的菩薩們：

我們非常殷切地期盼著，希望能夠得到你的協助，共同來滿願，一起來發願。

我們每一個人，來到人世間，都是為了完成兩大任務：一是為了償債與收帳而受苦受樂，二是為了還願與發願而盡力奉獻。

我們在過去的無量世中，造作了很多惡業及少許善業，所以今生受報，有樂有苦，苦多樂少。我們在過去的無量世中，許過不少的善願，所以今生之中有許多機會讓我們還願。不論如何地艱難困擾，還願是慈悲和智慧的實踐，也是自動、自發，樂在其中的修行。

我們如果在過去世中，沒有發過善願、沒有做過善事、也沒有種過善根，今生便不可能有機會讓我們學佛、行善、還願。同樣是面臨苦難，還願時的受苦受難，是慈悲喜捨的菩薩心行，受報時的有苦有難，是愁怨恐懼的煩惱障礙。

我們在受報及還願的今生之中，必須少作惡業多發悲願。便是福智雙行，便是自利利人；既能提昇自我的人品，也能淨化人間的社會。

我們的這個時代環境，如果以物質生活的條件而言，比起二十世紀的前期，已經豐富了數倍，可是我們大家並沒有得到更多的平安和幸福，甚至也找不到生命的安全感及生活的安定力，主要是人心浮動不安，人的價值觀混淆不清，大家盲目地追求財富、追求成功、追求名望、追求權勢、追求放縱的快樂，以致自己和環境矛盾衝突，自己的內心也失去了平衡。許多人都知道主張愛好和平，卻在高喊和平口號的同時，也引發了衝突及戰爭。這也就是我們為什麼要提出「心靈環保」這個運動的原因。

盼望大家來給我們伸出溫暖的援手

這數年來，我們已把「心靈環保」的觀念，推展到國際間去，我們也主張：唯有人心的轉變，大家才有真正平安的希望。我們以心靈環保為教育理念辦的法鼓大學，則尚在起步階段，盼望大家來給我們伸出溫暖的援手。讓我們共同發願，辦成一所不一樣的法鼓大學，讓我們共同發願辦好一所以心靈環保為主軸的法鼓大學，培養出一批又一批推動心靈環保的人才，來淨化人心、淨化社會、淨化世界。

說來使我非常感動和感恩，為了籌募法鼓大學的建校經費，二〇〇二年九月二十八日，已由法鼓山榮董會策畫並舉辦過一場圓滿兩千位榮譽董事的感恩晚會，引起了極大的回響。但是我也非常慚愧，因為我的福德力不足，距離建校所需的經費數額依舊很遠，還得請大家助我一臂之力。所以榮董會與護法會的「百萬人勸募」同步，今年將再度策畫號召「邁向三千」位榮譽董事的活動。

但願大家發願，勸勉他人發願，一人滿一願，多人滿一願，願願都是為給自己一個難得的機會，願願都是為給後代子孫一個大好的希望，願願都是給我們自己的未來播種無量的福田，願願都是圓滿救人救世的無盡大願。

今天不辦教育，佛教就沒有明天

我自己少小失學，深知教育的重要，所以曾說：「今天不辦教育，佛教就沒有明天。」我現在更要說：「不辦以心靈環保為重點的教育，不用等到明天，世間的大災難已在接連著出現了！」

請我們大家和我一起發願，共同來滿這個願吧！

各國教育設施、從事實際的教育工作，時時都用心於教育事業的將來性或前瞻性，因此，我們法鼓山這個團體，已是一個賦有影響社會新風氣的啟蒙使命。所以我們的大學，必定是我們大家所需要的，我們也必定會辦到與眾不同。何況我們的政府，已承諾要將宗教教育，納入高等教育的體制，並且會給予相當大的自主空間。

我已是七十四歲的老和尚了，趁著我尚有一口氣可為我們社會盡心力，可為我們下一代的教育大業奔走的今天，請我們大家和我一起發願，共同來滿這個願吧！

聖嚴

（二〇〇三年九月十四日寫於法鼓山園區方丈室，刊於《法鼓》雜誌一六六期）

你們全是法鼓山的開山啦！

——發願滿願．為了自己．為了子孫

諸位善心熱心的菩薩們：

在此報告兩項好消息：

一是法鼓山的第一期工程，經過你們十五年來的護持及關心，到今年底明年初，外貌便告完成，預定民國九十四年就要舉行落成典禮了。

二是法鼓山的第二期工程，也就是大學的部分，經過十年的波折，終於要在明年春季動工了，希望在三年內招收第一批新生。

由於這兩項喜訊，已讓我們全體的法鼓山菩薩，凝聚起各方面的心力物力，緊鑼密鼓地在規畫、在發願、在做好準備，迎接我們法鼓山這個團體新紀元的來臨。

但是大喜事的背後，也為我們帶來經費上的重大需求，第一期工程硬殼完成之後，大殿、禪堂、齋堂、接待大廳等內部功能的裝修、各項設備的購置、以及全山戶外的數十處景點景觀，尚需要大量的經費來完成。第二期工程的大學校區建築，一旦動工，也不能中途停頓下來。

我是一個不會募款找錢的人，多年來都是由於有心有願的諸位菩薩，可憐我資源太少，便主動地做了我們法鼓山的榮譽董事、勸募會員、護持會員。每一筆善款，都是以「一鉢萬家飯」的方式，聚沙成塔而來。迄今為止，來自於榮譽董事的，約占三分之一，絕對多數的榮譽董事，就是勸募會員及護持會員們的自己認捐、家人認捐、勸請親友認捐而來的。因為發願自己做一個榮譽董事或者勸請親友大家來做榮譽董事，便等於為法鼓山找到了三分之一的經費來源。另外的三分之二，我們的護法總會，也正在積極推動一個「十萬人勸募，百萬人護持」的方案。

由此可見榮譽董事人數的增加，對於法鼓山教育事業的大工程，是一項決定性的大支援。去年的九月二十八日，圓滿了兩千位，今年的十二月二十七日舉辦榮譽董事感恩大會之時，希望能夠圓滿三千位，所以呼籲大家，再來發一個大願、滿一個弘願吧！勸請親友們發一個大願、滿一個弘願吧！

為了感恩法鼓山全體的功德主們，預定於大殿的基部，將以整個一層建築面積的空間，設立一座「開山紀念堂」。許多人以為這是為了紀念我聖嚴師父的，事實上，法鼓山的開創，以及法鼓山佛教教育事業的開展，我聖嚴師父，只是其中的一分子，凡是建設法鼓山的支持者，凡是法鼓山佛教教育事業的參與者，每一個人，都是法鼓山的開山，都是我聖嚴師父感恩的對象。在我的觀念中，開山有兩重意思：一是開闢法鼓山這座道場，二是以法鼓山的理念開發每一個人自心中的寶藏。每一個人，凡是參與了法鼓山的建設、經營、維護、拓展，以及法鼓山在歷史上的持久延續者，都可算是開山者，都要在這座紀念堂中留下紀念。

因此，我們的「開山紀念堂」，是為紀念與法鼓山法脈相關的佛及祖師，也為紀念跟開山工程息息相關的每一個榮譽董事，並包括四眾佛子。故把這座紀念堂獻給開山的四眾，記下你們的功德事蹟，以多媒體多層面的方式，為你們永久並且隨時呈現每一位功德主的資料。為你們自己留下紀念、帶來喜悅，為你們的後代留下功德、帶來榮譽，為我們的人類世界留下典範、帶來希望。

如果說法鼓山的大殿，是全體法鼓山菩薩信仰所寄的中心，這座開山紀念堂，將成為全體法鼓山菩薩凝聚向心力的中心，不僅凝聚我們這一代的法鼓山菩薩，也能夠凝聚我們每一位功德主後代子孫的追懷心。這座紀念堂，既是代表著我們這一代人有智慧、有慈悲的奉獻心，也是為我們的後代子孫留下祖先精神的一項最佳禮物；世間的財物是無常的，把握機會做布施，錯過機會會後悔。我們的色身也會無常，發了弘願，卻能為自己增福德，也能給子孫在法鼓山留下榮譽，世世代代享受功德的福澤。

諸位菩薩，請大家來發願滿願吧！再發一個開山的大願，再許一個開山的弘願。給自己一個機會，勸請親友把握一個機會，給子孫一個大好希望，給人類一個大願景吧！

（寫於二〇〇三年十月十八日法鼓山園區，刊於《法鼓》雜誌一六七期）

邁向百萬人護持

這次巡迴關懷活動，主要有三個目的：第一，希望我們自己的人品、素質要提昇，也鼓勵、幫助他人提昇品質。而人品要如何提昇呢？就是用「自我提昇日課表」，日課表裡有「四種環保」、「心五四」運動，以及〈四眾佛子共勉語〉三大項目，希望大家每天藉著日課表，來檢查自己實踐的項目。藉由每日填寫、檢查日課表，就是在做自我提昇的工作了。如果我們自己的人品不提昇，而口口聲聲說要提昇人家的品質，那是不切實際的。因此，請大家要從自己的人品提昇開始做起，同時漸次地把日課表推廣、分享出去。

第二，希望勸募人數成長，並以「全力邁向百萬人護持」為目標。社會大眾護持法鼓山，是因為法鼓山是一個辦教育的團體，有大學院、大普化、大關懷三大教育。大家護持法鼓山，是認同法鼓山的理念；也因為實踐法鼓山的理念，獲得真實的利益，所以給予護持。當我們自己有了體驗，自己的人品提昇以後，進一步把法鼓山的理念推廣出去，與更多人分享，就叫作「全力邁向百萬人護持」。

在法鼓山護法體系中，自進來後，始終不改願心，持續奉獻的人不少，他們很穩定地在法鼓山體系全力護持，是名副其實的法鼓山菩薩；但也有很多人是進進出出，有很多佛教徒到處跑道場，腳踏不同條船，以為是保險，其實是游離的，當每一條船都開走了，你在哪裡？落水了！所以請諸位坐上我們的法鼓船，就是忠實的法鼓山菩薩。我們推動百萬人護持，首先自己要很穩定，然後感動其他人，影響其他人來參加法鼓山。

今天全臺灣的二千三百萬人口中，正信的三寶弟子很少。我們團體之中，真正核心的信眾，就是非常投入地修學法鼓山的理念、運用法鼓山的理念，並且推動法鼓山理念的人仍然有限。因此，希望諸位法鼓山委員、勸募會員們，要盡可能接引更多人成為正信的三寶弟子，最好是接引原本非佛教徒的人士，這是最可靠、也是最單純的方法。

第三，希望募款金額成長。現在臺灣景氣不似過去熱絡，大家口袋裡的錢少了，銀行的存款少了，捨得布施的人也少了，但只要護持人數成長了，募款數字也會成長。因此，希望諸位一定要從人數的成長去努力，才能夠達到護持金額的成長。

過去法鼓山曾經舉辦二次榮譽董事成長的大活動，每一次辦活動，榮譽董事的人數數字就會成長。因此鼓勵大家，自己發願做榮譽董事，或者是接引身旁合適的人，勸他們來做我們的榮譽董事。

（二〇〇五年一月二十二日講於北投農禪寺巡迴關懷之行，原收錄於《二〇〇五法鼓山年鑑》）

大願是信心、熱心和持久的恆心

總會長、副總會長、各轄區的召委，以及諸位委員、勸募會員：現在我已退位，許多的事已交由弟子們主事，我希望擔任執事的人，不論在家或出家弟子，都要積極推動各項關懷與教育，不可緣木求魚、守株待兔。

勸募是我們的命脈

在法鼓山三大教育中，我們現階段的募款是為了辦大學院教育，而唯有大普化教育與大關懷教育的普遍落實，讓信眾及新加入的人感受到溫馨的關懷，對我們這個團體產生向心力、歸屬感，進而讓大家都願意響應、護持，我們的團體才有未來。

在我們團體中，透過關懷來進行護法勸募就等於是我們的生存命脈，如果缺少護法勸募組織，就無法成為一個健全發展的佛教團體。

勸募是接引大眾來護持法鼓山，同時參與法鼓山、分享法鼓山。護持法鼓山，同時也獲得成長；因為在護持過程中，你付出時間、心力與金錢，同時也接受了法鼓山的觀念和方法，進而對你的生活、自信心和人品，帶來正面積極的影響。

勸募要有「三心」

法鼓山的勸募會員一定要具備「三心」：信心、熱心和恆心。

首先是信心。信心從對法鼓山的認知開始，包括觀念的了解和方法的實踐。譬如二十句共勉語和「心五四」運動都是觀念，也是方法，只要照著去做，就能感受到實際的利益。持念「觀世音菩薩」聖號也是方法之一。法鼓山是觀音道場，許多人到山上來朝山、禮拜，覺得很有感應；或者只是走進法鼓山園區，就立刻覺得身心安定、清淨；也有人是從文宣或者法師、義工的分享之中，獲得安身、安心、安家、安業的觀念和方法，覺得對自己、家人和工作很有助益，於是信心油然而生。

有了信心以後，熱心就會跟著湧現。一旦你感受到法鼓山理念的好處，自己受用之餘，也希望有更多人一起來共享：除了自己護持法鼓山，更會熱心懇切希望身邊所有的人，不管認識或者不認識的人，都來護持法鼓山，分享、宣傳法鼓山的理念。

在產生信心與熱心之後，最重要的是保持恆心。有的人當了勸募會員十年、二十年，還發願一輩子當法鼓山勸募會員，甚至發願生生世世護持法鼓山、支持法鼓山。諸位之中不乏有這樣的人，因為你們對法鼓山有信心，你們對法鼓山懷抱熱心，法鼓山的一切與你的人生緊緊相繫，所以，你們發願長長久久常在法鼓山、護持法鼓山。

這種信心和熱心是從實踐和推廣理念而來的。法鼓山的理念，是師父投注一生的時間和心血，將原本深澀難懂的佛學名詞，經過統整、歸納，而轉變成明朗易懂、現代化、實用化的觀念和方法，大家只要照著去做，就等於汲取佛法的核心精華，就能獲得法益，自己去實踐推廣，才能產生護持的信心、熱心，以及長遠的恆心。

回到初發心

我在這裡勉勵諸位，不論你們是否經常見到師父，請你們永遠不要忘了法鼓山的理念，不要忘了當初發願成為法鼓山勸募會員的初衷。

諸位是為了接受法鼓山的理念而來，同時也為了推廣法鼓山的理念而在這裡。諸位接受法鼓山的理念，是為了提昇自己的人品，因此修學佛法，學習運用法鼓山提供的觀念和方法，一以自利，一以助人。這便是諸位加入法鼓山成為勸募會員的動能。

我對新勸募會員有幾句勉勵的話，希望每一位都能發長遠心，從現在開始，不僅僅是領取一張勸募會員證，也是學佛修行的開始。諸位一定要修學佛法，才能對法鼓山的理念產生信心；更確切地說，諸位是因為實踐法鼓山的觀念、方法，所以產生信心，所以發長遠心護持法鼓山。

請諸位不要退心，起退心的時候，要立刻回到初發心。人很容易退心，很容易偷懶，你們需要自我勉勵，也需要他人的勉勵；大家彼此勉勵，就是相互地關懷。修行的人，要經常回到初發心，回到最初你發願當法鼓山勸募會員的衷心，再發一次願！發願護持法鼓山，用法鼓山的理念、方法來生活、處世、待人，讓自己生活更平安、快樂、健康、幸福。

另一方面，人都會老，你們要開始帶著下一代來參與法鼓山。這十幾年來，我們漸漸有了法鼓山這個團體，也把法鼓山的理念變成了社會大眾可以實踐的觀念和方法，好不容易才把法鼓山世界佛教教育園區建立起來。建成以後，我們要好好運用它來修行，自己修行，也成就其他人，以及下一代一起來修行。

辦一所「心靈環保」的法鼓大學

相信大家都看到法鼓大學的募款訊息，我們為什麼要辦法鼓大學？很多人並不看好法鼓大學，認為現在臺灣公私立大學林立，而且「少子化」社會來臨，學校多而學生少，法鼓大學恐怕前途多舛。

但是，我告訴諸位，法鼓大學自有其定位，就像法鼓山存在的價值一樣。法鼓山存在的價值，在於所推動的「心靈環保」理念，這不僅僅是臺灣需要，兩岸三地也都需要；不但是東方人需要，西方社會也一樣歡迎。我出席各種國際會議，與各國人士接觸時，儘管各民族語文、文化與宗教信仰不同，然而只要一提起「心靈環保」，各國人士都很認同，接受度很高，甚至認為「心靈環保」是促進全世界融合的一種運動。

而法鼓大學的辦學理念，就是「心靈環保」，這是我們與其他大學的不同之處。除了一般知識學術與技能課程之外，我們更重視學生人品、品格的修養，也就是心靈的健康、心靈的環保。

近幾年，臺灣社會的嚴重失序與政治亂象其來有自，我們必須承認臺灣的教育是失敗的，特別是在人格與品德的教育上，幾乎繳了白卷。因此，法鼓大學首重學生健全人格的發展，包括對眾生的關懷、對社會安定的責任感，這些都是屬於健全人格的範疇，是我們創辦法鼓大學的宗旨。

我們期許法鼓大學是一個發亮的光源體，是一處善良動能的發源地，可為我們的社會培育出更多淨化人心的發酵種子，這是目前社會和世界迫切需要的。因此，法鼓大學非辦不可，而且一定要辦成，藉以帶動其他大學一起跟進，共同為社會創造光明希望的未來。請大家要對師父有信心，對法鼓大學更要有百分之兩百的信心！

目前中華佛學研究所已與全球二十餘所大學建立學術合作關係，法鼓大學正式辦學以後，我們與國際各重點大學的互動更形密切，一方面吸收國際知名學府的優點、長處，同時也把法鼓山「心靈環保」的理念推廣到全世界。

為了建設法鼓大學，最近護法總會和榮譽董事會、法行會共同發起一項法鼓山「五四七五大願興學」計畫，就是為法鼓大學募款，希望號召百萬人響應。這是一項三年計畫，要找到一百萬人護持，我把這樁任務交給諸位了。祝福大家，阿彌陀佛。

（二〇〇七年三月十、十七、二十四日講於法鼓山園區、北投農禪寺全臺巡迴關懷，原收錄於《二〇〇七法鼓山年鑑》）

護持法鼓山與其他神廟有何不同？

諸位法師、居士，我已數年未到臺中，本來我的身體狀況並不適合出遠門，但是我發了一個願：「假使情況許可，我希望再到全臺各地做一次巡迴關懷。」沒想到這個願一發，各地區菩薩即著手安排好了，儘管體能狀況不穩定，但我仍然到各地關懷。

我已是近八十歲的人了，但還有一個心願，就是興辦法鼓大學。有人問我：「現在的大學已那麼多，為什麼還要辦法鼓大學？」這問題正如同臺灣已有許多寺廟，為什麼還需要有法鼓山？那是因為法鼓山的特色與其他團體不同，還是有很多地方需要像法鼓山這樣的佛教團體來奉獻。就如臺灣各地的連鎖超商，已經非常普及，為什麼品牌佳的連鎖商店還是一家一家增設？便是因為他們自有特色，也就有市場的需求。同樣地，我們要辦法鼓大學，因為我們自有獨特的辦學目標與內容。

以辦教育培育人才　以人才奉獻社會

有人問我：「護持法鼓山，與在其他的神廟燒香還願、奉獻做功德，有什麼不同？」確實，有些合法經營的宗教團體，能夠用心地把信眾的護持款妥善應用在辦醫院、辦學校、建設圖書館，以及從事各項社會公益、慈善、教育、文化等事業，這是很好的；然而這些公益事業的推動，大多是在有限的資源中，做有限的事情，並沒有明確的理念、宗旨和目標。

可是法鼓山不同，我們是主動關懷社會，有理念、精神、方針和方法，並且積極推動各項教育、普化和關懷的工作。在法鼓山世界佛教教育園區尚未建成之前，我們已經透過各種媒體，在社會上長年推動法鼓山的理念，這種無形的教育，多年來，已安定、淨化社會眾多的人心，就如今天在臺中的這場活動，能夠有上千人出席，代表法鼓山理念的提倡，對於安定社會已經產生不小的影響力。

我們的理念是「提昇人的品質，建設人間淨土」，並透過三大教育來實踐我們的理念。法鼓山的三大教育，一是大學院教育，二是大普化教育，三是大關懷教育。建設法鼓山的目的，就是為了辦大學院教育，而以大學院教育培養的人才，來推動大普化和大關懷教育；三大教育之間，乃是互為連鎖的關係。

其中，大學院教育至今已有相當的基礎，例如法鼓山僧伽大學已招收六屆學僧，目前有三屆畢業，投入僧團的執事工作；中華佛學研究所辦學至今已二十五年，培養了許多學生出國留學，並取得博士學位；法鼓佛教研修學院今年正式招生，是國內第一所得到教育部核准設立的單一宗教研修學院，畢業學生可獲得正式學位。除了前述三個教育事業體，還有正在建設中的法鼓大學，是大學院教育的第四個事業體，也是我們現在募款的目的建設。因此，我們正在培養一批批奉獻、服務的人才，讓社會祥和，讓社會有明天，人間不斷充滿未來的希望。

用佛法調心　促進社會和諧

然而，法鼓山目前培養的人才依然不足，對社會所推動的關懷、普及教育工作，仍需加強。儘管有許多人已經皈依三寶，但是尚未真正學佛，以致於無法以身作則，進而影響他人也來學佛；因此我希望不只是出家法師，在家居士也能共同修學菩薩道，讓自己成為社會中一股穩定的力量。

安定社會、穩定社會，需要有修行的工夫。所謂修行，就是每天能有一段固定的修行功課，譬如持誦觀世音菩薩聖號、禮拜觀世音菩薩、打坐、念佛，或者讀經。期勉大家最好每天早晚都能有半小時的修持，如此便能保持心的安定。練習用佛法來調心，用佛法來幫助自己，才能過著健康、平安、快樂的生活，進一步使家庭和樂、社會和諧。

現在我們的社會很需要佛法，也需要有人來傳播佛法，而法鼓山就是以辦教育的方式來造就人才，以人才來奉獻給我們的社會，提供佛法的普及服務，以及全生命的關懷教育。所謂「前人種樹，後人乘涼」，一定是栽樹的人有心有願，才能化育明日的一片清涼淨土。敬請諸位共同來響應法鼓山的三大教育，支持、支援法鼓大學的興辦。祝福大家健康、平安、快樂。阿彌陀佛。

（二〇〇七年七月二十八日講於臺中逢甲大學體育館全臺巡迴關懷臺中場，原收錄於《二〇〇七法鼓山年鑑》）

薪火相傳推動教育

這次我到大高雄地區，看到高雄市容在環保、景觀方面的品質均提昇不少，交通也比以往更便捷，以此來看，高雄是一個很有前途、很有希望的城市。就佛法而言，佛教在高雄一向相當普及，高雄地區實際上並不缺少寺廟，也不缺少法師，為什麼還需要一個紫雲寺？

法鼓山是眾多佛教團體之一，但是法鼓山的特色跟其他寺院不同；正因為特色的不同，法鼓山在高雄地區尚有很大的發展空間。

法鼓山的特色在哪裡？就是我們「中華禪法鼓宗」有清晰的理念和修行方法。法鼓山的理念是「提昇人的品質，建設人間淨土」，至於理念如何實踐？

即是以「心靈環保」為核心主軸，從我們自己的內心開始做起，讓自己健康、快樂、平安、幸福，也讓他人健康、快樂、平安、幸福；這就是自利利他，便是心靈環保，實踐這項理念，也是身為法鼓山信眾精進的一大前提。

如何使得我們自己與身旁的人都能健康、快樂、平安、幸福？如果僅止於口號是沒有用的，一定要有具體的方法，我們的方法是透過「三大教育」來推動，即大學院教育、大普化教育和大關懷教育。目前我們正在募建法鼓大學，便是屬於大學院教育的範疇。

法鼓山是一座教育園區

法鼓山是一座廟，還是一處教育園區呢？法鼓山的定位一開始就是一處教育園區，而非一般的佛教寺院。法鼓山至今已有十八年歷史，這十多年來，法鼓山上已有三個教育機構：法鼓山僧伽大學、中華佛學研究所，以及今年春天甫獲教育部核准設立的法鼓佛教研修學院。此外，還有第四個教育機構是法鼓大學。

我一向強調：法鼓大學是一所「不一樣的大學」，它的特色在於培養建設人間淨土的種子。建設人間淨土的工作，不僅我們這一代要做，還要一代一代的人接續努力，要一代一代的人持續來關懷、化導、淨化我們的社會，使得社會人心淨化、社會風氣淨化，才能實現所謂健康、和樂、幸福的生活。法鼓大學主要就是培養這方面的領導人才。

在大學院教育之中，僧大、中華佛研所和研修學院，主要是培養佛教學術的研究人才及弘揚佛法的宗教師人才，法鼓大學則不同。法鼓大學要培養的是建設人間淨土的菁英俊秀，因此我們的辦學以研究所為主，學生人數不在多，著重於精緻的教學品質，使得學生畢業以後，都能成為建設國家社會的棟樑人才，這是我們辦學的宗旨。

最近有一位香港企業人士的夫人往生了，她的遺願就是把身後遺產捐給認真辦學的教育機構或者學校，當她的家人聽到法鼓大學的辦學理念和願景之後，當下就決定將老太太的遺澤捐建法鼓大學。我們只要把法鼓大學辦出口碑，自然可以獲得支持，接引更多人一起來成就這所「不一樣的大學」。

而大普化教育則是透過念佛、拜懺、打坐、講經、文化出版等種種方式來教化、化導社會，這些是大普化教育的具體內容。大關懷教育方面，目前我們所做比較有顯著成果的是臨終關懷和助念關懷；此外，還有針對國內外災難提供的急難救助，以及平日的訪貧慰問、冬令關懷、清寒獎助學金等。我們提供物資、救濟金，並用佛法來撫慰、關懷人。有許多人在物質生活上沒有問題，可是心理很痛苦，一時的難關走不過就想輕生，或是在自殺邊緣掙扎。面對這樣的人，則需要以佛法來開導他們，幫助他們轉變觀念。用佛法來關懷人、幫助人，就是我們所做的大關懷教育。

另外，當前我們的社會倫理道德嚴重失序，人與人之間不講倫理分際，在許多場合裡都可以看到惡形惡狀的人，沒有道德，不尊重倫理。一個團體中，假設十人之中有一人是這樣的人，那就不會平安。

因此，我們現在推行「心六倫」運動，呼籲每一個人在每一個場合，都要承擔起照顧人、服務人、奉獻人的責任。「心六倫」運動，同樣也是屬於大關懷教育的範疇。大關懷教育是持續性的一種關懷，我們不只關心現在，也關心未來，因為現在與未來是銜接的；我們關懷現在的人，希望能使他們平安，也關懷未來的人，希望也讓他們平安。

每個人都是三大教育的推動者

教育工作無法速成，需要持續地堅持。法鼓山的三大教育以「心靈環保」為核心價值，不僅要持續去做，還要普遍地推廣。諸位在這三大教育裡面，既是推動者，也是受教育者。也許有人認為：「嗯，法鼓大學，孩子可能有機會就讀吧，我們這些中老年人，大概沒希望了！」其實，法鼓大學是我們大家的大學，任何人都有機會接受法鼓大學的教育。而現在支持法鼓大學，就等於是為我們自己、為我們的下一代、為我們的整體社會，耕耘一片充滿希望的大福田。

最後，祝福大家學佛精進，一起來實踐、推廣法鼓山的理念，做我們三大教育的學生，也做三大教育的老師。只要與他人分享法鼓山的理念，你就是老師；只要傳播法鼓山的理念，你就是法鼓山的教育人才。教育是通過眾人一起建立的，唯有如此，我們的社會才有希望。

諸位參加我們的團體，就是我們三大教育的當然推廣成員，只要勸人念一句「阿彌陀佛」，勸人念一句「觀世音菩薩」，或者告訴人家幾句師父的法語，分享「心靈環保」簡單的觀念和方法，也就是在進行三大教育的扎根工作了。

我難得來一趟高雄，如果因此能讓大家對法鼓山的認識更深一些，真正投入法鼓山理念的實踐，就是我最大的收穫。祝福大家平安、健康、快樂。

（二〇〇七年八月十一日講於高雄紫雲寺全臺巡迴關懷高雄場，原收錄於《二〇〇七法鼓山年鑑》）

做一件事，一定要發願

法鼓山在花蓮原來就是較小規模的發展，雖然花蓮的信眾人數少，但是熱心不比人差，這次的花蓮行，主要是讓花蓮地區的信眾們看看我，因為我知道地區的信眾們都很關心我。

我還有一個願心未了，那就是法鼓大學一定要建起來。法鼓山有三大教育：大學院教育、大普化教育和大關懷教育。首先，大學院教育一共有四種教育機構，一是法鼓山僧伽大學，自二〇〇一年開辦以來，每年都在持續招生，人數愈來愈多，而且學生的程度非常好，到我們山上報考僧伽大學的學生，多半皆已具有大專畢業的程度。其次是中華佛學研究所，我們已經辦了二十五年，前來報考的學生也都相當優異，許多人已經在國內外取得碩士學位再來報考的，可見得他們對於佛學研究確實有心。現在研究所已轉型為單純的學術研究機構。第三是國內第一所獲教育部核准設立的宗教研修學院「法鼓佛教研修學院」，在臺灣所有宗教團體之中，我們是第一所成立的，將來畢業的學生可獲頒教育部承認的正式學位，這是臺灣宗教史上的一大創舉，今年也已經正式招生了。

第四為法鼓大學，是根據法鼓山的理念而辦學，我們希望將來法鼓大學的學生，個個都是「提昇人的品質，建設人間淨土」理念的推動者。現在法鼓大學的整地工程已經完成。法鼓大學的定位是一所精緻型、小而美的學校，以研究所為重點目標，不同於一般大學，因為我們要為法鼓大學，也為臺灣社會及全世界的人類，走出一條新的康莊大道，造就真正足以建設人間淨土的青年人才。這是我們辦學的理念，也是我人生中此際最重要的心願，我們要全力以赴把法鼓大學辦好。

不僅是「教育」　也是「關懷」

但是，要把學校辦好，需要有條件的配合：一、要找對辦學的人、確立辦學的方向；二、要找到辦學的經費，沒錢難以成事。所以請花蓮地區的信眾們在募款時，能夠盡力而為，盡心而為。

另外，大普化教育的內容，比如傳統的修持方法：講經、禪修、佛七、拜懺、法會等，以及現代化的傳播方式：網路、影音、文化出版等，都是屬於大普化教育。特別是文化出版的推廣，除了我們既有的專業出版部門之外，同時也成立了「聖嚴教育基金會」、「人文社會基金會」等，共同來協助推廣法鼓山的理念。

國防部最近舉辦一場「國軍九十六年心理衛生工作研究成果發表會」展覽活動，邀請法鼓山提供「防治自殺」的相關文宣參展，同時國防部新兵訓練中心也行文要求採用我的語錄、文章，譬如我在二〇〇五年八月到陸軍關渡營區為士官兵舉行「尊重生命，迎接未來」演講的講稿內容以及《聖嚴法師一〇八自在語》，做為國防部訓練新兵的期勉語，希望藉著一句句精簡的法語，幫助年輕的新兵認識身心安定的方法，從而建立起對自己的信心，為國家社會奉獻服務。而這些都是屬於大普化教育。

大關懷教育方面，譬如我上一次到花蓮，是在二〇〇一年桃芝颱風過後，花蓮部分地區爆發了嚴重的土石流，我到災區慰訪受創的民眾，不僅僅是安慰他們，而是用佛法的觀念來輔導，幫助他們安心、安身、安家、安業，這就是我們的大關懷教育。此外，我們對於臨終關懷以及往生的助念關懷，都做得很深入，同樣也是屬於大關懷教育。還有，我們在農曆七月舉辦中元普度法會，這也是關懷一般社會大眾的需求，可是我們的作法跟其他地方不同，我們在法會中賦予了教育與關懷的雙重功能。

昨天農禪寺剛圓滿了一年一度的梁皇寶懺法會，在法會期間，平均每天有兩千多人，最後一天放焰口時，也有五千多人參加；但是這五千人在一起，卻一點也不像五千人，為什麼？因為大眾的唱誦非常整齊、非常莊嚴，所有參與的人都跟法師一樣那麼地虔誠，會場非常安靜、肅穆；大家唱誦的時候非常誠摯，拜的時候全神貫注，因此，五千人在一起卻好似只有一人。農禪寺不大，外邊的人不曉得，也想像不到寺裡居然有五千人一起共修。

這是一種教育，也是一種修行，大家嘴上在念、耳朵在聽，心裡做觀想，就是三業相應。所以我們舉辦任何的法會，形式上雖是普化的教育，實質上寓有關懷的功能，在這方面我們做得相當好。

我們希望大學院教育培養出來的人才，成為大普化教育和大關懷教育的實踐者、推動者，如此才能使得建設人間淨土的工程更穩固、更踏實。

事在人為　有願必成

法鼓山在花蓮地區的發展，實際上仍有可為。我要勉勵花蓮地區的召委：「做一件事，一定要發願！發願就不覺得辛苦！」不發願的話，很可能日子得過且過，召委的任務雖不至於懈怠，卻也可能任期屆滿，一事無成。

召委一定要發願。發願提昇、成就現在花蓮辦事處尚不足的地方。譬如現在我們缺少的是什麼？有哪些可為之處？辦事處在人力、物力以及社會資源上，還有多少發展的空間？特別是對法鼓山理念的認知，對法鼓山理念的推廣，還能夠如何加強？如何發展？此外對於人員的培訓，除了依循護法總會的培訓原則，也要自己培養訓練人才。很重要的是，要一邊發願，同時找人，自己一人唱獨角戲是成不了事的；而找到人以後，個個都要請他們發心、發願，這樣才能夠帶動花蓮地區的成長。

發心、發願，就能產生不可思議的力量，如果你不發心、不發願，你就沒有時間來奉獻，也找不到人、想不出什麼辦法來，因為你根本沒有想要成事，沒有想要找人！花蓮地區的發展，首要是人員的穩定，其次為接引新的菩薩、培訓新人員，再來是法鼓山理念的推廣，一步一步慢慢地使花蓮地區的民眾，都能認同法鼓山的理念。

諸位現在手上都拿到一張〈四眾佛子共勉語〉，這是成立法鼓山之初就已經有了，請諸位要謹記在心，照著去做，在生活中運用，並用來檢視自己的行為，這對諸位很有幫助的。如果不把這二十句共勉語背熟，對法鼓山理念的推廣、對法鼓山理念方法的運用，也就不容易著力了。

確實遵守「三不」

此外，馬上就要選舉了，我要重申法鼓山對於政治的立場：我們對於任何政黨的態度都是相同的，凡是與法鼓山理念相近，願意來協助推動法鼓山理念的政黨或政治人士，我們都歡迎；任何人到法鼓山來看我，不管他是什麼立場、什麼顏色，我都歡迎，也都接待，至少這些政治人士接觸法鼓山之後，可能他們的態度會稍微改變。比如說，參加法鼓山社會菁英禪修營的立法委員，各黨派都有，在經過禪修洗禮之後，通常他們的態度都會變得溫和、緩和些，這可以說是我們對社會的一份貢獻，對立委諸公來講，也是他們的一份收穫。

因此，在法鼓山這個團體，大家可以有自己的政治立場，但是態度要慈悲、要有智慧，不要因為支持的政黨不同，使得我們內部產生分裂。所幸多年來我們的信眾雖然各有政治立場，但是在團體裡都能做到不談政治、不談選舉，也不會你來說服我或我來說服你，我們就是這麼一個清淨的建設人間淨土的團體。法鼓山一向不干預政治，不參與政治的角力，這是非常重要的。

其實在〈法鼓山的共識〉裡，一開始就很清楚地告知諸位：凡是參與法鼓山的菩薩，首先，不可利用法鼓山的組織管道，將政治訴求帶進我們團體之中；第二、絕對禁止男女之間有不正常的男女關係，如三角、四角戀情或者婚外情等；第三、我們這個團體不允許信眾、會員之間，彼此有金錢借貸的行為往來。諸位同道之間，應是互相地幫助，卻不可有彼此借貸、私下打會的事情發生。如果同修道侶之間，彼此有金錢上的借貸往來，漸漸就可能影響了道情，使得原來參與團體修學佛法的同道之誼變質，一旦借出去的錢要不回來，那就成了反目的仇人。如果是親友之間互相地支援，那沒有問題。這三條規定，請大家一定要遵守。

今天現場到的勸募會員雖然不多，但是只要大家動起來、大家發願，花蓮地區真的很有希望。為了我們自己，為了我們的家庭，為了我們的社會，我們必須要有願力來支持。沒有願力，任何事做不了多久就會起退心，做不了多久就會覺得自己一人唱獨角戲，好累、好辛苦，不唱也罷。因此我在這裡期勉召委菩薩一定要發願，發願帶動更多的人來參與法鼓山，那大家就會來了，也請諸位信眾一起發願，好不好？祝福花蓮地區的信眾們。

（二〇〇七年八月二十五日講於花蓮高商活動中心全臺巡迴關懷花蓮場，原收錄於《二〇〇七法鼓山年鑑》）

不要灰心，要發願心

臺東雖然地處偏遠，但是法鼓山在臺東的發展，並不比其他地區落後，法鼓山勸募體系建立之初，臺東地區很快就有了護持會員和勸募會員，只是到目前為止，發展的速度比較慢。主要原因是臺東的人口少又分布廣，加上受限於地形狹長，推廣佛法不易；尤其臺東的住眾以原住民居多，而原住民大多信仰基督教或天主教，我們想要深入發展，更是顯得困難。

但是，請大家不要灰心，而要發願心。臺東地方非常淳樸，人民非常善良，自然環境不受汙染，是一個好地方，如果再有佛法的熏習，那就是人間的淨土了。

事實上，臺東的淳樸人心和自然環境，一直以來是北、中、南部許多外縣市的藝術家、文學家、詩人，以及一些退休人士心中最想親近的地方，最希望能定居的「淨土」。這是臺東的吸引力，也是臺東的優勢。其實臺東一向是環保的模範縣，相較於其他地方，確實是人間淨土。但是，所謂的「人間淨土」，不僅僅是自然環境的清淨，最主要是人們心中少一些煩惱，對環境多一些愛護，而對人多一些關懷，這就是人間淨土。

信眾雖少　願心不落後

今天我來這裡，一方面是看看大家，另一方面是勉勵大家，臺東的總人口數近二十五萬人，法鼓山信眾卻不多。因此我要勉勵大家，包括今天出席的諸位勸募會員和護持會員，以及陪同前來的家人、朋友，至少這一百五十人多都應該是我們法鼓山的會員，請諸位能夠發願，發願在臺東地區推廣法鼓山的理念，接引更多人擔任法鼓山的勸募會員。其實勸募並不難，只要能夠向人介紹法鼓山，幫助人們認識法鼓山、了解為什麼要護持法鼓山……，把這些訊息廣為分享，就是在做勸募的工作了。

法鼓山主要是辦教育，就是我們的三大教育：大學院教育、大普化教育和大關懷教育。在大學院教育方面，現在我們已經辦了三種大學院教育，包括法鼓山僧伽大學、中華佛學研究所，以及法鼓佛教研修學院，現在正募款籌辦第四種——法鼓大學，請大家共同來支持「五四七五大願興學」的募款計畫。我自二〇〇六年八月至今年初，抱病書寫了五百多件書法作品，為的就是法鼓大學的募款！

實際上，我的字並不值錢，但是大家感受到其中有一份願心，也就是我們要辦大學的這個願心感動了許多人，所以，接連在臺南、臺中、高雄三地舉辦的「遊心禪悅——法語．墨緣．興學」書法展，都受到熱烈的回響，以及相關單位免費提供展場的護持贊助。

法鼓山辦教育的目的是為了培養人才，在座的出家法師多半就是從法鼓山的教育體系裡培養出來的，等到法鼓大學招生以後，在家居士也可以在法鼓山上受教育，成為淨化人心、淨化社會的專業人才。

另外，大關懷教育包括慈善公益、急難救助、弱勢族群等的關懷，特別是國內外各種災難，如風災、水災、土石流、地震，以及空難、車禍等意外發生時，法鼓山會派人前往關懷，一方面提供物質上的援助，一方面給予精神上的慰勉和鼓勵。

大普化教育則是運用各式各樣的管道來傳布佛法，譬如透過文字出版、廣電媒介以及電腦網路資訊等現代傳播的技術，把佛法的利益有效快速地廣為分享。另外，法鼓山也提供傳統的修持方式，像是打坐、念佛、拜懺、誦經、讀書會、講經等活動，目的是讓接觸到法鼓山的人，不管是參與共修，或者訊息的接收，都能感受到法鼓山的功能。譬如諸位走出去，人家看到你們身上穿著法鼓山的義工服，看到你們的氣質與眾不同，而願意來親近你們、接觸法鼓山，那麼你們就是現身說法，做著大普化的工作，因為你們的一言一行，舉止是那麼有禮貌，使得他們覺得很安定，這就是佛法功能的發揮。

臺東是人間的淨土

人間淨土是我們每個人要去體會，去努力的，從言行舉止和待人接物之中，慢慢地練習、落實，這樣就是在提昇自己的人品，當自己的人品提昇以後，與其他人互動所產生的影響、功能，就是在建設人間淨土。

我在這裡，主要勉勵諸位落實法鼓山的理念——「提昇人的品質，建設人間淨土」，同時期勉諸位發願，讓周遭的人都能夠接觸到法鼓山的理念，能夠從你身上感受到法鼓山的理念，這樣就有可能接引他們成為法鼓山的護持會員，而這就是諸位的貢獻。

信行寺辦的許多活動，多半是北、中、南外縣市的信眾來參加，本地反而參加的人少，而外縣市的信眾經常到信行寺來修行，諸位本地的信眾，更要把握機會，多參加活動。你多參加活動，就能對法鼓山的精神、理念掌握得更好，向心力更強；當你自己的修行愈得力，對其他人的影響力也就愈大。因此，不管是對你自己好，或者對你的家庭，對你的生活、事業、環境著想，我都要勉勵諸位，多多參加信行寺的修行活動。

今年我到臺北、臺中、臺南、高雄、花蓮、臺東等全臺各地巡迴關懷，臺東是巡迴關懷計畫的最後一站。我來是為諸位提振信心，請諸位能夠發起願心。如何發起願心？即是自己要能接受法鼓山的理念、實踐法鼓山的理念，同時勸導周邊的人都能夠來接觸、接受以及實踐法鼓山的理念。若能做到，臺東就是人間的淨土。

臺東的優勢，要著重在精神生活的提昇，如同那些退休人士、藝術家、文學家、畫家，甚至於外國人，他們到臺東看重的是精神生活的層次，並不是物質文明的享受；而法鼓山的理念，也首重精神、心靈層次的提昇。希望臺東地區的民眾們都能珍惜現有的環境。祝福大家平安、健康、幸福、快樂。

（二〇〇七年九月二十二日講於臺東信行寺全臺巡迴關懷臺東場，原收錄於《二〇〇七法鼓山年鑑》）

感恩發願興學的勇氣和信心

今天我主要是來看看大家，勉勵大家，也聽聽諸位的心得分享，聽聽諸位是如何地感動他人，而接引了百位菩薩。

我想先講講自己的經驗。在今年（二〇〇八）農曆年春節，有位企業家上法鼓山來看我，他問我：「有什麼需要幫忙嗎？」我說：「有！我們正在推動一個『五四七五大願興學』計畫，也就是每個人每天捐五塊錢，三年下來每個人圓滿五四七五元，希望能有一百萬人共同成就。」他又問我：「那麼法師希望我參與多少名額呢？」我說：「我不貪心，只希望您能夠拋磚引玉，發心找來一萬人。」結果幾天之後，護持款就進來了。

近半年來，國內景氣不是很好，大家捐款的能力、捐款的意願都受到影響，到目前為止，距離我們希望達成百萬人護持的目標，仍有很長一段距離，但是希望大家不要氣餒，要繼續發願、繼續努力，接引身邊更多的人一起來護持法鼓大學。

自從「五四七五大願興學」計畫推出之後，我非常感恩諸位的發心，也請諸位感恩自己有這樣大的勇氣和信心，能在一年之內成功接引一百位菩薩來護持法鼓大學；還有，也應該感恩我們有這麼好的因緣、這麼大的功德，共同促成法鼓大學的興學。

今天的茶敘，備有點心和茶。原來活動的最初構想是辦餐敘，但是我覺得，現在我們募款募得很辛苦，不應該辦餐敘來感恩自己，因此我建議用茶會的方式，讓我們彼此感恩，這樣會更好一些。祝福大家，阿彌陀佛！

（二〇〇八年十一月一日講於北投雲來寺大願興學心得分享茶會，原收錄於《二〇〇八法鼓山年鑑》）

發菩提心，行菩薩道
——萬行菩薩

萬行菩薩・法鼓之魂

諸位都是菩薩行者，菩薩行的最後目的是成佛。人成則佛成，人人都成佛，就是建設法鼓山的終極目標；為此做奉獻，便是發了菩薩願的菩薩行者。

菩薩眼中的眾生，也都是菩薩。例如，我們看到小孩子或老人家時，要稱他們為小菩薩、老菩薩。我們看人家是菩薩，自己應該也是菩薩。我們是發了菩薩心的菩薩行者，貢獻的是以菩薩的心態，來做我們現在能做的福德事。

以前發心幫助法鼓山事業的人，我們都稱之為義工，現在都稱為菩薩行者。但是只有一個「行」字是不夠的，應是「萬行」才對。

萬行並不是萬能的意思，而是高也可以做，低也可以做，沒有人做的事情我們去做，有人做的事就讓賢。例如：打掃廁所、擦地板、端盤子等卑微事，沒人要做，我們去做；與高階位者應對，即使尊貴如總統，若沒人敢去，我們就去；有重要的職務，無人適合去做，我們就學著去做。菩薩發心種福田的事，只有多少，沒有貴賤；不論工作粗細，只論菩薩發心；只論做與不做，不論高下尊卑。所以能行他人之所難行，能忍他人之所難忍者，就是萬行菩薩。

如果這個觀念不能建立，學佛成佛的事情就無法推動。所以諸位一定要建立信心，認定自己是初發心的萬行菩薩，要學著有什麼工作需要人手，你就去做什麼的義工，做一個初發心菩薩的最佳榜樣。

法鼓山為什麼需要這麼多萬行菩薩？我們環顧四周，可發現許多人類的醜惡面，所以我們要學菩薩精神，行菩薩道。善用佛法的精神，幫助他人，希望帶動風氣，使得人人都能成為以佛法的精神來自利利他的菩薩行者。

菩薩行者，便是修行六度法門及四攝法門的發心菩薩，六度的內容，是指布施、持戒、忍辱、精進、禪定、智慧（正知見）的六個項目；四攝的內容，是指布施、愛語、利行、同事的四個項目。以此二門盡攝一切善行的一切功德，故在《仁王般若經》卷上，有「六度四攝一切行」的連用語。在中國大乘各宗，便有使用六度攝萬行的語句，例如《鎮州臨濟慧照禪師語錄》，就有這樣的句子說：「諸方說，六度萬行，以為佛法。」

菩薩行，即是眾生成佛的正因，《維摩經．佛道品》的末後第三偈說：「如是道無量，所行無有涯，智慧無邊際，度脫無數眾。」其中的第二句「所行無有涯」，便是說成佛之道，當具萬行的意思。然後《維摩經》又於〈菩薩行品〉中說：「如菩薩者，不盡有為，不住無為。」菩薩能夠在淨而淨、處穢則穢而不受汙染，所以不盡有為；菩薩僅是應彼而動，於「我」無關，所以不住無為。「不盡有為」是心無染著，但仍在凡夫的環境中共同生活，「不住無為」是雖已解脫，但卻不會逃離眾生的生死苦海。因此，〈菩薩行品〉又說：「教化眾生，終不厭惓，於四攝法，常念順行，護持正法，不惜軀命；種諸善根，無有疲厭。」這便是說，菩薩行者，當常以四攝法，廣度眾生，永不厭倦；菩薩行者為了護持正法及種一切善根，不僅永遠不會感到疲倦討厭，甚至可以不惜以身命相殉。這都是指菩薩當修一切行，那就是萬行。

我們法鼓山的義工群，雖尚都是凡夫，卻已跟未信三寶的凡夫不同；雖不能立即具足菩薩的萬行，我們既是大乘佛教的三寶弟子，既在皈依典禮中，已跟著念誦〈四弘誓願〉，就算已經發了無上菩提心的初發心菩薩，從現在起，能做多少算多少，盡心盡力，不急不怠，到了成佛之時，必定具足萬行。猶如雞在蛋中時，已有成雞的因素；我們凡夫只要發了菩提心，便是具備了成佛的正因。雖不能於一時間萬行具全，只要盡力去做，能有一行、二行，也就算是菩薩行了。因此，凡夫發心，便成初發心的菩薩，便已具備了六度萬行的正因，故即可以被人稱為萬行菩薩，也當以萬行菩薩的目標自勉。

基於如上的理念，我們法鼓山的發心菩薩們，都該被稱為「萬行菩薩」。不受薪的，當然是；受薪的，一樣是。我們不可把專職受薪的菩薩們當雇工，受薪只是為了維持他們的生活所需；他們也不應以雇工的心態來法鼓山論工計酬，同樣是為了發菩提心行菩薩道，自然也是萬行菩薩了。

（刊於一九九三年七月十五日《法鼓》雜誌四十三期。原收錄於法鼓山小叢刊《法鼓山的方向》）

法鼓山的義工精神

我們法鼓山的義工菩薩就是萬行菩薩，目前我們的義工菩薩一共有多少呢？答案是：我們法鼓山有多少會員就有多少位義工菩薩，每一位會員都是義工，因為我們沒有一位會員是支薪水、拿錢的。

即使是有支薪的專職菩薩在我們這裡，也是以義工的心態來服務，我們也把他當作義工菩薩來看待，而我聖嚴本人也是終身義工，因此我用下面幾句話來勉勵諸位菩薩，也勉勵我自己：「盡心、盡力、盡可能學習；不勉強、不挑剔、不可能失望！」

有的人是以自己本身專業的知識來做義工，有的人並不是。例如推動清潔日的那一天，大家去掃地撿垃圾，我們雖沒有這方面的專業知識，但還是去做了，這表示義工是沒有一樣事情不願做的，只要「盡心、盡力、盡可能學習」。

而且在任何時間、任何地方、任何事情，只要需要我們動手、動腳、動嘴，都該全力以赴。如果是我們懂得的事，就盡我們所知所能來做；如果是我不懂的，那就一邊做一邊學習。

因為義工不是經由廣告上徵求來的專業人才，所以在必要的時候，任何事情都需要拿起來就做。所以義工沒有一定的什麼事，一定的什麼時間才去做。

有的人可能心裡會想：「嗯！我這麼好的專長你不用，用我到那非我專長的地方，豈不是浪費人才、糟蹋人才、大材小用嗎？這不是殺雞用牛刀嗎？」

義工是救急，不是就業

有這種想法是錯誤的，因為義工是哪個地方需要人，就到那個地方去；義工是救急、奉獻，不是就業。

可能有的人會說「我不懂」、「我不會」、「我不能做」，不過對義工菩薩來說，應該是沒有一樣不會，沒有一樣不懂，也沒有一樣不做的。

如果說，有一個人需要你背他走一段路，而你說：「我沒學過當護士，我從來沒學過背人。」可是除非你背他走，否則他會死掉，你背不背？就是因為背他而把自己背出病來，你也要發慈悲心背啊！

請你不要說：「我不背！他死了跟我有什麼關係？」既然我們是義工菩薩，怎麼可以不發慈悲心呢？

我記得小的時候，鄉下有一對姊弟，姊姊長得很小，弟弟長得很胖；弟弟雖然長得肥肥壯壯的，但是不能走路，還是要姊姊背他，姊姊也義不容辭地背起弟弟，雖然跌跌滾滾的，她還是背。我們做義工也是如此，凡事一定要盡心盡力去做。

當然我們不會的事情很多，還沒做義工之前，可能有很多事情不會做，譬如說，廚房裡面揀菜、切菜、洗菜、洗碗筷，要用什麼水來洗碗？或用什麼水來洗菜，用什麼東西來洗毛巾？第一次你可能都不會，或者從來沒有做過；但是，現在沒有人做，怎麼辦呢？就必須你來做，而且只要肯學習，總是學得會的。

可能有人會說：「這種粗活兒讓粗人去做，我是知識分子，怎麼能叫我做這樣子的事！」其實，工作是不分細與粗的，義工對工作也應該是不勉強、不挑剔。

絕不可勉強他人

所謂「勉強」就是在時間和體能上，不要超過你的負擔太多，更重要的是「不可勉強他人」。當在要求自己的時候，帶一點勉強是很好的，帶一點勉強便能得到更進一步的學習與訓練，但是千萬不要勉強他人。你不要說：「我都能做了，你怎麼不做？」不可以這樣子，這變成了計較他人，強人所難。

況且有一些人，是第一次到農禪寺來，可能是被人家連哄帶騙而來參與義工，所以你更不能夠勉強他，否則他下一次就不敢再來了，心裡可能還會說：「農禪寺這個地方去不得。」

此外，義工也應該「不挑剔」。有一次，有一位少奶奶來農禪寺做義工，工作得很辛苦，卻滿高興的；另外有一位菩薩是她的舊識，那天剛好以貴賓的身分來寺，看到她就對她指指點點說：「妳怎麼沒出息！我來做貴賓，妳怎麼在這裡倒茶。」這位義工菩薩被奚落後，心中馬上有一種失落感：「本來我跟她也是一樣的，也可以有貴賓身分，今天她做貴賓，我倒茶，實在不是味道。」

後來我把做貴賓的那位菩薩找到了，對她說：「今天你是貴賓，下一次要不要來倒茶？」她說：「這種工作我是不做的。」於是我問她：「那你要做什麼？」她說：「至少倒茶的事我不做。」

我再問她：「如果請你現在倒一杯茶給我，你倒不倒？」她說：「師父叫我倒茶我會倒。」我說：「為什麼你肯為師父倒，而不願意為其他人倒？」她說：「師父就是師父啊！」

我又問她：「如果我們把所有的人都當成現在的菩薩、未來的佛，你要不要為他們倒茶？」「這我倒沒想到唷！」她想想了說。

我告訴她說：「當貴賓不過是你這一次的因緣，下一次你應該要來倒茶為諸佛菩薩服務做義工。」她聽了很高興。

接著我勸勉她，如果來這裡能為大眾倒茶、掃廁所，這就是菩薩行。她聽了說：「還要我掃廁所啊！」我說：「如果大家不掃廁所，誰來掃？」她說：「好吧，以後我也願意掃廁所了。」

有一些人是好挑剔的，例如他們喜歡挑些在大場面上顯眼的工作，制服、領帶的樣子要很好看，希望人家看了會說：「這個人大概很風光，在農禪寺應該是很受到重視。」

不邀功、不爭面子

你們到我們這兒來，究竟是要爭面子？搶風光？還是求福報？求功德？求智慧？既然大家到法鼓山是來求福求慧，不是來搶風光、爭面子的，因此人人都是平等的，都是現在的菩薩、未來的佛，沒有什麼高貴、下賤之別。

義工的工作也是不分下賤、高貴，都是一份功德和奉獻；所以現在有好多位貴夫人，也常常來我們寺裡倒茶、打掃、洗廁所。曾經有一位董事長夫人的婆婆來跟我說：「我媳婦在家裡這些事情都不做的，因為家裡面有傭人做。師父您竟然能叫她做這些事。」我說：「以後，我叫她在家裡也要做。」

有一次一位著名建設公司總經理的太太來農禪寺洗菜，我看她笨手笨腳的樣子，就問她：「妳怎麼在這裡洗菜？」「是他們叫我來的。」我又問：「人家知道妳是誰嗎？」「我也不知道，人家說要義工，我就說：『好啊！我是義工啊！』於是就來洗菜了。」這位總經理夫人，她的先生是總經理，她自己是董事長，但她做義工從不挑剔。

所以當人家說：「你是誰？怎麼在這兒打掃廁所？」你要回答：「我是義工。」人家問：「你不是某某公司的董事長嗎？」你可以說：「我在外面是，在這裡是義工。」

義工是沒有等級的，大家都是菩薩行者，若能人人如此，社會才是真正的祥和。但願我們把做義工的風氣帶起來，以此淨化社會風氣，這就是在建設人間淨土。

放下身段成就他人

但對於初來的人，還是要以貴賓禮貌相待，不要急著叫他們做雜事，否則會把人嚇跑。因為一開始大家都不願意把身段放下，能夠放下身段才能成長為萬行菩薩，自利利人。

最後要談的是「不可能失望」。在做義工時，很可能聽到批評的聲音：「你這個人笨手笨腳的，怎麼做成這個樣子？」你應當說：「對不起！我正在學習。」也可能有人埋怨你、批評你、指責你，也會有人不滿意你。在這種情況下，你不要失望、後悔，也不要難過，因為這些都是在幫助你成長和修行的助緣。

有人批評，表示那人還很關心你，有人指責，是希望你更努力、更進步，有了這種心理準備，你就永遠不感到挫折和失望了。

對於他人的讚歎，固然覺得歡喜，但是做義工的目的不是為了求得他人的讚歎。而我們自己見到做義工的人，是應該予以讚歎的，不管他做得好不好，做得快或慢，他能做義工就已經值得讚歎了。

有一次有幾位客人來到農禪寺，我帶他們參觀寺內設施。那天下了好大的雨，我們的義工菩薩都非常盡責，一路上都做帶路撐傘服務，其中有位貴賓就問我：「這裡員工都這麼盡責、親切，這麼好。他們在這裡一個月薪水多少？」我說：「他們跟我一樣，都是義工，我是終身義工，他們是臨時義工。因為是義工菩薩，所以都會全心全力付出，親切、有禮貌。」

他告訴我：「我想把我的員工訓練成像農禪寺的義工一樣。」他自己沒有說要來做義工，卻想要把他的員工訓練成如同農禪寺的義工。

處事皆以義工心態

諸位菩薩應該要把義工的精神，帶回自己的生活環境，在家裡用義工的心態來服務你家裡的人，在公司當成是義工來服務你的員工，在社會上用義工的態度為大眾服務。

如果能夠如此，把法鼓山農禪寺的義工觀念「盡心、盡力、盡可能學習；不勉強、不挑剔、不可能失望」帶回去，保證你也能夠把家裡的人帶成義工，把你公司的人帶成義工；而義工就是菩薩行者最好的成長歷練。

（一九九五年三月五日講於萬行菩薩隊規畫與協調人才研習會，刊於《法鼓》雜誌八十一期）

萬行菩薩度眾生

我們法鼓山的理念是：「提昇人的品質，建設人間淨土。」是誰在提昇？又要提昇誰的人品？是我們自己在提昇自己的人品，然後才能夠影響其他的人，所以提昇自己的人品是最重要的。

發揮了「點火」的作用

法鼓山創立至今，只有五年多的時間，可是在全省，我們所建立的清新形象及產生的影響力，已是有目共睹的。雖然我們的人數不多，我們做的事情卻是滿多的，對於臺灣一地，法鼓山已經發揮了相當大的「點火」作用與功能。

昨天，我到台視錄影，與環保署張隆盛署長對談時，他就說他也主張「禮儀環保」，因為一般人提到環保，只包括生活品質的環保、自然環境的環保，從來沒有想到還有「心靈環保」或「禮儀環保」。

從民間的支持到政府主管單位的認同，可見我們提出這兩個觀念，對於臺灣來講，是有很大的影響。

把佛法落實在人間

然而是誰在推動這些活動呢？是我們法鼓山的義工菩薩們！我們的每項活動，能夠在全國得到普遍的肯定、認同、響應，都離不開我們的義工菩薩。

我聖嚴只是個點火的人，推出一些理念而已；而你們諸位義工菩薩才是這個理念的推動者、實施者、傳播者、發揚者。所以我要對諸位說：「法鼓山今天有這樣的成就，都是你們諸位的奉獻，你們諸位的功德，謝謝大家！」

例如我們所提倡的「心靈環保」、「建設人間淨土」等觀念，已經在臺灣普遍受到響應。不僅佛教界在實踐，好多團體也都在使用，甚至於把我們的理念、文字原原本本地照抄拿去用。

曾經有人把我們的〈四眾佛子共勉語〉拿去，把「聖嚴」兩個字換掉，而將他們的名字放進去，然後大量印了來送人。其實這也很好呀，因為我的名字不重要，重要的是那二十句共勉語；我也覺得滿喜歡的，因為這表示他們認同我們的二十句共勉語。

還有，我們正在「建設」人間淨土，卻已經有人在辦預約活動了，也許你們就看過很多人的衣服上印有「預約人間淨土」；我們在建設，人家在預約，我們是應該感到高興的呀！

另外，「心靈環保」這個名詞也是我們創始的，除了我們自己在宣導，其他的佛教團體也在講「心靈環保」，甚至於環保署也在響應「心靈環保」了，媒體也都很喜歡報導這個理念。這幾天就有好幾家媒體前來採訪我，談「心靈環保」這個主題。

去年（一九九四）我們提出了「禮儀環保」，這個理念非常鮮明，許多人也都感覺到非常重要。因此，內政部要跟我們合作舉辦活動，教育部也支持我們，就連環保署也曾表示要提倡「禮儀環保」。

過去的佛教徒非常保守、消極，也可以說是非常落伍，只知道念佛求生淨土，念佛求了生死，沒有體察到佛陀本懷。求生淨土、了生死，當然是對的，但是忽略了釋迦牟尼佛的慈悲本懷，就不對了。

佛法的目的是廣度無量眾生，在哪裡度呢？當然是在人間度，方法就是指引每一個人建立正確的生活觀念，指出正確的生活目標，和生活的軌範。

我們要把佛法落實在人間的社會，把佛法送到每一個人的家庭裡，讓每一個家庭都能接觸佛法的「慈悲之光」、「智慧之光」，為人間帶來溫暖，讓人人都能身安、心安、家安、業安，這個才是真正可靠且究竟的平安。

承認是凡夫努力修福修慧

諸位義工菩薩們都還是凡夫，而自己承認是凡夫，就覺得需要佛法的智慧與慈悲；你自己需要佛法，自然就會想到所有的凡夫都需要佛法，於是努力修學佛法、弘揚佛法、護持佛法，這過程就是在修福修慧——福慧雙修。

請問諸位：交通組的義工菩薩們，每一次有法會或活動時，他們都是在外面指揮交通，風雨無阻，這些菩薩們是不是在修行？他們並沒有和大家一起打坐、念佛、拜懺，而是在室外照顧車輛與交通，但是他們的功德，卻比在室內的人的功德更大！又例如廚房組的義工菩薩、打掃廁所的義工菩薩、經常協助清理環境的義工菩薩，都是菩薩的楷模。

義工菩薩是自己修行，能不能成功沒有關係，只想到要幫助人家；像這種心，就是標準的菩薩心腸，也就是有大修行了。這也就是說，凡是義工菩薩，來做任何功德事，都是既修福也修慧。

如果你不是做法鼓山的義工，是為了賺取工資而去掃地、工作，這不算是修行，這只是為了餬口，為了生活而工作；當義工，不論做多少都是修行，不論是粗工或細活，都是在修福修慧。

一般人多半只想到做義工可以修福，怎麼也能「修慧」呢？做義工的時候沒有進去聽經，也沒有進去拜佛，怎麼「修慧」呢？

做義工也是弘法

其實，「慧」的意思是煩惱減少——減少自己的「貪」煩惱、「瞋」煩惱；為了奉獻而做義工，不是為了希望增加收入、增加名望，自然就會煩惱減少。

此外，為什麼做義工也是「弘法」呢？掃地的直接作用，當然是為了達到掃地的功能，間接的作用則是在影響他人、廣度眾生，使他人認同法鼓山的精神而來參與我們的活動，這豈不是在度眾生嗎？所以即便是在掃地的義工也是在度眾生，這個就是菩薩所行的菩薩道。

諸位義工菩薩，每次農禪寺只要師父講經後舉行皈依典禮，總是有幾百個人來皈依。這些人都不是師父去一個一個找來的，而是由於你們的關係，或直接或間接影響了他們，使他們願意來到農禪寺。因此做義工就是菩薩行，就是在度眾生。

（一九九五年十月十八日義工團總分隊聯誼開示，刊於《法鼓》雜誌八十四期）

在委屈中成長菩提心

諸位專職及義工菩薩：

我是聖嚴師父，首先向諸位菩薩致歉，我未能等待參與今天的盛會（編案：意指十月二十三日晚上所舉行的功德分享會），便來到了紐約，我只好用這一份傳真，請果肇法師代我宣讀，慰勉諸位，感謝諸位。

今年度的祈福法會及會員大會，於九月二十六日在林口體育館隆重舉行，盛大召開，是我們法鼓山有史以來最最震撼人心的創舉。效果之好，影響之深，也是首見。這都是由於諸位菩薩們的萬眾一心，竭智盡力的共同努力、奉獻所致。在用錢方面盡量節省，在籌備及場地舞台等設置方面，又盡量莊嚴實用，這除了法鼓山，恐怕很難有人辦得到。

縱然尚有美中不足猶待下次改進之處，諸位已盡了最大的心力，我要再一次地向諸位菩薩表示感恩感謝。

法鼓山的形象是靠你們來提昇的，法鼓山的理念，是靠你們來推動的，法鼓山的義工菩薩群，創造了法鼓山，雖在工作運作中，讓你們多少有些委屈，都是由於師父的設想不周，不看僧面，當看佛面，在委屈中成長了菩提心，還是值得的。祝福諸位。

（寫於一九九八年十月二十二日，刊於《法鼓》雜誌一〇七期）

受恩、知恩、感恩、報恩

今天，是我們法鼓山成立十週年紀念的百萬會員代表感恩大會。

今天是感恩大會，是誰要感恩？是感誰的恩？對我聖嚴來講，當然是我要感恩，是我要感謝你們僧俗四眾百萬會員的恩。在這過去的十年之間，如果沒有你們諸位菩薩來響應、認同、護持，就不會有我們法鼓山這個團體，來對我們的社會做出這麼多的貢獻，縱然有美好的理念也是徒托空言，無法成為事實。

在這十年之間，我的確比以往更忙，正由於你們大家使我忙碌，所謂水漲船高，跟隨我共同推動法鼓山理念的人，固然在佛法的知見上及人格的建立上，有了不少的成長，身心家庭乃至事業方面，得到不少利益，而成長得最快、所得利益最多的，應該是我。這不是我謙虛，乃說的是實話，相信你們諸位菩薩也會有同感。當在為了家人或他人全心全力奉獻的過程中，你自己就已獲得學習的機會及成長的事實。例如照顧兒女，便是向兒女學習，如何成為一個稱職的父母；照顧學生，便是向學生學習，如何從經驗中成為一個稱職的老師；為貧病災難困苦中的人服務，你便是向他們學習如何生起慈悲心和恆常心，而成為一個像樣的初發心菩薩。

以身作則，踐履共識

因此，我是由於有了你們諸位菩薩，我就必須日以繼夜地勉勵工作，日復一日地充實自己，一點一滴地省察自己，如何以身作則來踐履法鼓山的八句共識，時時警惕自己，如何才能做好一個稱職的師父？經常反省，經常覺得慚愧。經常體會到，我才是一個受恩者，接著便會觸動我，生起知恩、感恩、報恩的心來。

對於你們諸位菩薩來講，你們該說，誰當感恩？感誰的恩呢？如果在以往的十年之間，由於親近法鼓山這個團體，而從正信的佛法得到了或多或少的利益，不必感恩我聖嚴，應當感恩佛、法、僧三寶，應當感恩你們的父母、親屬、朋友、同道、善知識，應當感恩促成你們接受佛法、親近三寶的順逆諸種助緣，應當感恩法鼓山這個團體，為你們提供了一塊肥沃的功德福田。

知恩、感恩，就必須報恩。我經常對弟子們說：我不會由於教導弟子而以為弟子們欠了我的恩情，背了我的恩德。因為我是為了回報三寶之恩，就必須發願修學佛法、護持佛法、弘揚佛法；為了報答弟子們的追隨之恩，就必須盡心盡力地勉勵自己做好一個師父；為了報答信眾菩薩們的護法之恩，就必須盡其一生，奉獻身命，來推廣法鼓山的理念。

為什麼要推廣法鼓山的理念呢？因為我們這個世界，每一個人都需要它，任何一個時間都需要它，任何一個地方都需要它。人的品質若不提昇，人類便會成為彼此相殘的低等動物；人間社會若不淨化，世界便會成為暗無天日的無間地獄。如何提昇人品？如何建設淨土？必須通過教育的技巧，來扭轉人類的價值觀，從自私自利、自害害人的價值觀，轉化為以成就他人來做為成長自己的價值觀，那就是「利人便是利己」的價值觀，便是以奉獻自己來取代掠奪他人的價值觀。

以人類心靈淨化為根本

這種價值觀的轉化，主要是以人類心靈的淨化為根本。而佛法又名為心法，是專治心病的大法，所謂心病，便是貪得無厭、瞋恨、憤怒、恐懼、憂愁、嫉妒、怨懟、得失、矛盾等煩惱。佛法清涼水，專滅煩惱火。若能普遍地推廣佛法，大家都能運用智慧和慈悲的佛法來自待待人，人格必定會提昇，人間必可見淨土了。因此，我們在成立法鼓山這個團體的一九八九年中，也推出一項名「心靈環保」的社會運動。

一般人都知道追求生活環境、社會環境、自然環境的安全、安定及美化，偏偏忽略了心靈的淨化才最重要。人的行為之所以會破壞自然、汙染環境，其實乃是由於人的心態出了問題。大家光想征服自然，而主張人定勝天，卻忘了人心不能節制，破壞了環境，必然會自食其果。因此，我們是以心靈環保來導正人類價值觀念的偏差，再以禮儀環保來提高人格的尊嚴，以生活環保來確保生活的簡樸，以自然環保來保護生態的生生不息。以此四種環保，保障人類現在的生命安全，也保障人類子孫的生存綿延。

為了完成四環運動的任務，我們又自一九九五年起陸續推出了「安身、安心、安家、安業」的四安運動。（請參考《平安的人間》第二篇）；在同一個時期，我們也推出了一個「四它」的方法，來幫助大家積極而又自在地生活在智慧中，那就是遇事皆用「面對它、接受它、處理它、放下它」的態度來因應。到了一九九八年三月，我們在臺北國父紀念館舉辦「我為你祝福」三場演講，便推出了另外的三項運動——

四要：「需要」的才要，「想要」的不重要；「能要」且「該要」的才要，不能要且不該要的絕對不要。

四感：「感恩」使我們成長，「感謝」給我們機會，用佛法來「感化」自己，用行為「感動」他人。

四福：時時「知福」，處處「惜福」，常常「培福」，永遠「種福」。

全球人類需要的社會運動

也就是用四安、四它、四要、四感、四福五種方法，來完成以「心靈環保」為首的四環運動，總名稱之為「心」五四運動。這是法鼓山邁向第二個十年的重點工作目標，也相信這個「心」五四運動，正是二十一世紀全球人類所共同需要的社會運動。因為凡是有些遠見的現代人，都已預知二十一世紀的科技文明進步之快速，會極度地驚人，科技的進步已經無法約束，它為人類帶來的命運，究竟是禍不是福，對於地球資源的損耗及自然環境的破壞，難以想像。若再不從人類價值的轉化，人類心靈的淨化著手，而以人文社會的關懷來制約並引導科技的發展，使之為人類服務而非把人類帶向毀滅。

由此可知，我們推展「心」五四運動的大任務，將在二十一世紀的地球上，扮演非常重要的角色。相信諸位法鼓山的鼓手們，一定會把這面「心」五四運動的大法鼓，敲醒人間大眾，敲遍地球世界。因此，我們會將「心」五四運動，配合法鼓山的三大教育——大學院教育、大普化教育、大關懷教育的實施，整合成為一個全面教育，可以稱為「精神啟蒙運動的生活教育」。我們諸位菩薩，都是這個教育體系內的學生兼老師。自己修學練習，也把心得分享他人，帶動他人修學練習。人人終身學習，人人將所知所學的終身奉獻他人，才能確保我們這個地球世界的平安。

在法鼓山這個團體邁入第二個十年時，以往所提三個階段的硬體建設都會完成，研究所、大學、佛學院、禪堂、法鼓寺、佛教歷史博物館、修養中心、安養中心等均將陸續出現。對於僧俗四眾的師資培訓，禪修及弘講的人才，也將大量地培養，不僅在國內普遍推廣，也要朝向全球性的國際推廣。我有十分的信心，法鼓山的「精神啟蒙運動」，因為是大家所需要的「生活教育」，以我們現在已有的基礎、在國內的良好形象，及在國際間所擁有的聲望，在未來的第二個十年之中，一定會給世界人類帶來光明的願景。

「心」五四運動之中沒有一個是佛學的專用名詞，淡化了宗教色彩，便可讓具有各種民族文化及宗教背景的世界全人類共同使用。但是「心」五四運動的內涵，即是佛法的心法，那不是宗教的信仰，而是淨化了的人文社會的價值觀及其實施的方法。它可以深入佛法，卻未必會與任何其他的民族文化及宗教背景相牴觸。所以，這項運動必將是可久又可大的。願我們一同來努力推廣吧！最後，祝福諸位：平安健康，順利快樂，精進不退心，早日成佛道。阿彌陀佛！

（一九九九年八月二十二日講於林口體育館全球會員代表大會，原收錄於《一九八九—二〇〇一法鼓山年鑑》）

柔軟的心

——安心服務團開示

身為安心服務團的一員，應以慈悲心看待任何一個人，只要具有慈悲，心就能柔軟。但是光只是內心有慈悲是不夠的，應該要表現在語言、行動，甚至臉部的表情上，並且以謙虛的態度，並將每一個人都看做是讓我們種福田、求福報、增長智慧的菩薩。

柔軟心具體來說，就是要對人恭敬、有禮貌，當對方有任何要求、抱怨時，都能夠耐心聆聽、解說而不反駁；即使這些話聽來充滿了怨懟、痛苦，也要視之為一種慈悲的聲音，因為這是能夠讓我們增長慈悲心的助緣。

能用這種心態與人相處，自己就能減少很多煩惱，也就多了一分智慧，有了慈悲和智慧後，對任何一個人，一定能用柔軟的語言來同情、接受、安慰對方。

或許有人覺得問題不是自己的，都是對方有病，這種想法並不好；應該把對方當成自己，對方所講的，就是自己的心聲，這樣才能發自內心體會他的話。這時候，你不但要有慈悲，還要抱著學習的態度，因為自己沒有這樣的經驗，可是聽了對方的一番話，增加你的經驗，所以是非常可貴的。

說話時，並不需要講很多大道理，也未必一定要分析、說理，也許只要說：「如果是我的話，也會跟你一樣。」你就已經能夠讓他感到非常歡喜，非常平安了。

（刊於《法鼓》雜誌一二五期）

勉勵法鼓山的會員菩薩

一、光榮的三項任務

在這兩天的年會中，不論是對全堂講話、小組講話、個別講話，各種不同性質不同功能的談話我已經講了不少，現在利用最後這個時間向諸位再叮嚀一番。

身為法鼓山護法體系的一員，感受是光榮的，成為會員就是身負一份責任。如果做了召集委員，除了榮譽和責任，還有一份使命，這都是基於榮譽而來的。在這個團體中，所有的人彼此提攜、學習，互相照顧、關懷、成長，是必然的收穫。這是一個大家庭，回到法鼓山就像回到家一般溫暖，充滿了安全感和歸宿感。

護法的意義是什麼？大家努力在護持的不是聖嚴的法，而是你們自己所需的佛法。對於佛法，我們有三項任務：學法、護法、弘法。學法是用佛法身體力行，教育自己。護法是護持團體共同的命脈，也就是延續佛法慧命。剛才為新進的菩薩說皈依時，大家都一起念過「皈依佛、皈依法、皈依僧」，護持三寶，就是維護我們共同的家。護法的目的是使自己因學法而成長，幫助別人用佛法而成長，佛法能夠安自己的心，也能夠安別人的心，這是法鼓山會員的責任。我們的團體很優秀，做的事情都很正確而謹嚴，有助於社會人心的淨化及安定，被讚歎的很多，被批評的極少，這是我們共同的榮譽。

二、以和敬來相處

當你們成為某一國的公民時，就必須對那一個國家效忠愛護，身為法鼓山的會員，也要對我們這個團體盡心護持。團體之中不可避免會有一些人在觀念、性格上有所出入，這是很正常的，不可能每個人一絲一毫都沒有差別，即使在同一個家庭長大的兄弟姊妹也都有一些差異，更何況是來自不同背景、不同年齡層次的人呢！對於不同的思想觀念，而產生不同的想法作法，發出不同的聲音，也是正常的，只要不違背法鼓山的大方向、大原則，都應該受到包容，但如果違背了，一定要想辦法糾正和修正，用團體共同的力量來糾正和修正最為得力。大家可以運用「四它」來面對、接受、處理及放下別人在表達上、作法上的差異性，這就是有容乃大的包容心，是很重要的。

僧團也是一樣，出家人來自各式各樣的家庭和社會背景，有著完全不同的性格、教育程度和生活習性，沒有辦法一出家就完全改變了。他們通常都還是保有自己的習性，但須根本戒絕不能犯，我們的大原則、大方向不能違背，僧團好像大熔爐，有著強大的熏染力、糾正力，日積月累地小毛病漸漸就會減少了，這就是「和合僧」。是我去配合別人，而不是等別人來配合我，這樣比較容易，也是最有效的修行方法。除了「和合」之外，還要「和敬」，尊重別人的想法和作法，是極重要的，只要是對團體有貢獻的，都要感恩他。對團體中的菩薩要尊重，同時也要讓外面的人尊重我們這個團體，團體若不和睦、不團結，別人只知道法鼓山的人整天吵鬧不休，怎麼會尊重我們呢？不好的人不會進入我們的團體，進來的人只會愈變愈好，這就是團體正面的影響力。至於團體中處理事情複雜的過程和細節，處理過後就要放下它，不要向外張揚，那會有負面的作用，對團體不利。所以，「和」與「敬」都非常重要，「和」是我與別人和，「敬」是我尊重他人，一定要記得並且做到。

三、功德迴向給人，責任歸於自己

另外，和大家分享一個觀念，那就是「功德迴向給人，責任歸於自己」。譬如，如果我的水被人碰翻了，便開口罵人，那是把責任歸於別人。我們要檢討，是不是我把杯子放在不適合的地方，別人才不小心碰翻了，下次記得一定要把杯子收好，不要再亂放了，這就是把責任歸於自己。在團體中，有功的時候不要居功，要把功德迴向給別人；在團體中凡遇沒有把事情做好，領導人要勇敢承擔，把責任歸於自己，尋求改進的契機。

前年大陸有一批法師到臺灣訪問，我們派了一位李菩薩做隨隊服務，帶著法師們去參訪。臨行之前，我們交代李菩薩：「如果遇到好的事，要感恩法師修養好、道德高、處置得好造成的，要把讚美獻給他們；如果遇到不順意的事，責任可就是你的了，他們有任何抱怨、不悅，你都要負責啊！」一路上，李菩薩真的照著我們的話去做，大小事情都平順了，回來之後，大陸法師們都對她非常讚揚，還有一位法師對我說：「李菩薩老是在對我們抱歉、說對不起，其實又不是她的錯，以致害得我們都不好意思了。」這個方法，在與人相處時相當管用，每件矛盾不如意，首先認錯，再來妥善處理，事情就容易辦了。

辦活動時，也要掌握「功德迴向給人，責任歸於自己」兩大原則，當別人稱讚你時，要把榮譽迴向給團體，或與你合作支援的組員，因為沒有大家的協助，一個人的力量是有限的，除了感謝籌畫人的領導有方、互動者的合作無間，更要感恩法鼓山這個團體的智慧財產及社會資源，自己只不過跑跑腿、動動手而已，這就是把功德迴向給人。任何狀況，與任何人接觸，處理任何事情的時候，只要掌握這兩個原則，都會無往而不利。只怕到處爭功諉過，有功勞大家搶，有事情大家推，那就自害害人，傷害我們法鼓山這個團體了。

（二〇〇一年十一月四日北美年會中開示，李青苑〔果衍〕居士整理）

法鼓山的飲食原則
——香積組義工開示

過去我們經常聽到善知識這麼說：「食輪不動，法輪不轉！」如果要轉法輪，一定先要讓人吃飽，而且讓人吃得衛生、吃得舒服，這樣大家才願意來親近我們，才願意來護持道場。因此，香積組是一個道場裡面非常重要的部分。

我們現在，除了法鼓山、農禪寺，還有全臺各地的分支道場，經常有不同性質的活動和法會，都需要香積組的投入。所以，我在這裡鼓勵香積組能夠成長，除了人數的成長，也希望帶動四十歲以下的年輕人，一起加入。

廚房是一個非常辛苦的地方，有時候要起早待晚，也不論風雨冷熱。遇到有災情的時候，我們的救災工作，也一定包括送便當。這些都是香積組義工們的奉獻，都是香積組義工們結的善緣。每次活動中，或者在救災的時候，當大家手上拿到食物、嘴裡吃到食物的時候，都有一種滿足、喜悅的表情，讓人對香積組義工生起由衷的感恩。

法鼓山的飲食要符合三個原則：簡單、衛生、營養。簡單，是第一個原則。如果符合衛生、營養，而做得非常複雜，這仍不夠好，會讓大家很累。簡單，就是菜的項目不需多。中國人做菜的習慣，經常會油水多一點，表示營養豐富。其實油水多，反而不營養。現在我們要推動的，就是菜色要簡單。

我們不需要做得像自助餐廳，提供十幾二十種選擇，但我們可以每餐推出不同的菜色，原則上是二菜一湯，搭配主食即可。雖然是二菜一湯，但是每一道菜，仍可以有不同菜色的調配，而學習如何適當放在一個菜式裡，這也是一種修行的機會。否則各式各樣的菜餚，容易引起人的分別心和貪心。喜歡的多吃一些，不喜歡的不吃，就是分別心。以後我們就是二菜一湯，新鮮、營養、可口衛生，簡單就好。

我們法鼓山的飲食，有二種作法，一種是請客的筵席，另一種是舉辦活動、法會的飲食。通常只有在招待貴賓的時候，才需要做筵席，做細緻的飲食，就是「工夫菜」；但是「工夫菜」也可以做得簡單，不油膩、不油炸。

其次，法鼓山的飲食，葷菜的名字不能有，葷菜的樣子不能有，葷菜的味道也不能有，是什麼就是什麼。

我講的這些原則，除了做細緻的「工夫菜」之外，平常做法會的飲食，是比較單純的。任何一個人，只要膽大、心細、有時間、有耐力，就能夠擔任主廚。請大家要發長遠心，要召募更多人參與我們的香積組。

（二〇〇五年七月二十一日講於北投農禪寺，原收錄於《二〇〇五法鼓山年鑑》）

每位義工都是觀音菩薩的化身

——法鼓山園區義工開示

據我所了解，假日到法鼓山上發心做義工的菩薩都非常優秀，能力很強，每個人的家庭和事業背景都很穩定。目前法鼓山不僅僅假日需要人服務，平常也需要有人來照顧，今天看到有這麼多新血輪來參與義工行列，這真是法鼓山的好消息。

剛才臺灣大學校長李嗣涔來訪，他是科技人，也是一位研究特異功能的科學家，非常相信磁場、能量和感應。我帶李校長至「開山觀音」處，告訴他這尊開山觀音很靈，原先山上就供著這尊觀音像，是觀音菩薩的接引，使我們找到這裡，而在此地建立法鼓山道場，所以我們將開山觀音供在山上最高點的中心位置。因為有開山觀音的保護，整個山區就非常平安、溫暖、和諧。

社會需要法鼓山　龍天自然來護佑

開山觀音位於法鼓山園區大殿三寶佛中間的釋迦佛牟尼像正後方，由開山觀音往山下越過釋迦牟尼佛像，一直到大停車場，有一條正對著大殿的臨溪步道，那邊的山背上還有一尊「來迎觀音」像，迎接一切眾生進入人間淨土的法鼓山。來迎觀音、大殿正中央的佛像與開山觀音皆位在同一條線上。

諸位都知道，山上有兩條溪流，其實十六年前我們剛到此地時，這兩條溪很窄、很小，踩一、兩步就能跨得過。當時我就想：如果這兩條溪能開大一些，變成兩條景觀溪，到山上來修行的人會覺得非常喜悅而舒服。

不可思議的是，幾年之後就發生了象神颱風，一夜之間，將兩條溪沖得很深很寬，所有的石頭就像保麗龍似地，一塊一塊都衝到了邊上，就整理出今天這麼漂亮的溪流，水流源源不絕。

其實，這並不是我有多大的本事，而是這個地方因緣成熟了，有千千萬萬的人會到山上來修行、來學佛，來化解煩惱，為社會以及全世界帶來祥和與幸福，所以天龍八部都來護持我們。

曾經有人說，法鼓山的地勢實際上是條龍脈，開山觀音和大殿都是龍額所在；大殿前右下方，「祈願觀音」前面的那一條步道，名為「祈願步道」，此步道就是龍的鼻子。法鼓山整個地形就是兩條溪包圍著一條龍，龍在雙溪間戲水。

山上有許多地方的磁場很強，我最早到法鼓山上時，就坐在現在禪堂佛像的位置，感受到這個地方的磁場，因此選擇此處做為禪堂。當李校長隨我站在佛像旁邊體驗時，也能夠感受那裡的磁場很強。

男寮和女寮前面，目前道路正在施工，在女寮前有塊石頭上刻了兩個我寫的字，我問李校長石頭上的字是否有能量，他體驗之後說：「字的能量滿強的，一個是字的內容能量，一個則是字的結構能量很順。」

今天我將法鼓山介紹給你們，讓諸位對法鼓山多一點信心。所謂的感應，都是透過一般信仰而有的力量，而所謂的能量和磁場，實際上與我們的信仰是殊途同歸，只是用的語言和名詞不同，實質則是相同的。由於諸位要來，觀音菩薩已在這裡準備了一個很好的道場，再加上你們的貢獻之後，法鼓山上的能量就會更強了。

每一位義工都是福慧雙修的菩薩

諸位無論服務於哪一組，都是法鼓山的義工，都要共同維護法鼓山的清淨與寧靜。現在山上垃圾桶很少，我們的信眾和護法是不會隨地丟垃圾的，但是有些遊客和信眾帶來的朋友，如果不小心丟了垃圾，請大家看到就要隨手將它撿起，如此山上就會經常保持乾淨。

希望諸位對待訪客們，態度要謙虛誠懇，講話要溫柔和藹，不能夠有讓人不舒服的語言。即使遇到態度不友善的訪客，還是要把他們當成菩薩看，經過幾次接觸之後，他們自然而然能感受到法鼓山的四種環保是那麼好，就會學習著改變了。

法鼓山就是希望能夠感化、感動所有的人，雖然沒有機會讓來訪者上正式的課程，可是他們只要看到山上的環境，接觸到我們的義工和法師，就能感覺到如沐春風、賓至如歸、溫馨而安全，那麼，法鼓山世界佛教教育園區的功能就實至名歸。

我們也會為義工規畫一些成長和修行的課程，希望大家到法鼓山來，不僅僅付出時間與勞力，同時也要獲得佛法的利益，如此一來，每一位義工都是代表法鼓山宣揚理念的菩薩。

法鼓山是觀音道場，有三尊觀音菩薩——開山觀音、祈願觀音、來迎觀音，觀音菩薩是不會講話，講話的是我們僧俗四眾菩薩們，只要接觸我們，就等於是接觸到觀音菩薩。期許諸位都是觀音菩薩的化身，相信菩薩會放光，從你們諸位身上也可以看出放的是法鼓山之光！

（二〇〇六年四月十六日講於法鼓山園區，原收錄於《二〇〇六法鼓山年鑑》）

法鼓妙音傳法音

——一九九五年法鼓山合唱團演出前開示

佛教音樂有潛移默化的力量

我們的佛法需要透過各種樣的方式來表達，也需要透過各種樣的方式做為媒介來接引更多人，使他們接觸佛法、接受佛法，成為三寶的弟子，而音樂便是其中之一。像敦煌及大同石窟上的壁畫，就有很多天人、天女在彈奏樂器和演唱。

佛教音樂具有使人清心寡欲、清淨清涼的功能，使人聽了受感動而接受佛法，因此佛教音樂有潛移默化、感化的力量。當我們舉行法會唱讚的時候，大家能夠把心情平和下來，把虔誠心提昇起來，這是佛教音樂的重要性。

要有修行的體驗才能唱出佛教音樂

佛教的音樂是要陶冶我們浮動的心，要平靜安穩、清淨而有一種喜悅的享受，還有莊嚴隆重的氣氛，要不然就不是佛教的音樂。

要有修行的體驗才能夠唱出真正的佛教音樂來，所以我們希望老師和團員都來參加禪坐、念佛、拜懺等的共修活動，了解佛教精神的涵義，這樣才能表達出法鼓山的精神和共識，否則我們的合唱團就跟基督教的合唱團或歌仔戲團沒什麼差別了。

為推動佛法而唱

我們不是來當職業歌手，而是法鼓山的萬行菩薩，萬行菩薩不是專業的，但是要培養出專業的修養。所以你們本來不會唱的，要會唱；唱得不好的要練習，唱得很好的要幫忙帶動別人。雖然是業餘的合唱團，但我們期許有職業水準的演出，是為了表現法鼓山的理念，推動法鼓山的理念而唱。

像在師父演講或大型法會上，合唱團就有很大的作用。合唱團不要說是唱，只要服裝很整齊，往台上一站，就是我們道場的莊嚴，法會的氣氛因大家站上去就襯托出來，在師父還沒上台前讓大家的心情能夠平和下來，而且有一種喜悅、輕鬆、愉快、安定的感覺，等待師父上台或正式法會的開始。合唱團本身就是師父演講的前奏，也是我們發揮的序幕，這是合唱團的功能。

與師父同台演出

當釋迦牟尼佛在天上快下來人間時，有許多菩薩已經先到人間出生，等待釋迦牟尼佛降臨人間時為他護法，做為他的護持者；我很高興我還沒上台就有菩薩已經在台上迎接我，像在國父紀念館和臺中惠蓀堂的演講，你們坐在舞台後面，很莊嚴很好看，所以諸位萬行菩薩參加合唱團有一個好處：可以跟師父同台演出。祝福我們大家演出成功。

（刊於《法鼓》雜誌七期）

以音聲供養大眾

——合唱團成長營開示

我們合唱團的成員百分之九十以上都是法鼓山護法體系內的信眾，也都是法鼓山菩薩。合唱團的作用乍看是負責唱歌，但其實是被賦予一項使命，那便是透過歌聲實踐、推廣法鼓山的理念。因此我們不論是在內部演唱，或是受邀去參與外界的演唱，都是代表法鼓山精神與理念的宣揚者。

合唱團還有一個功能，就是帶動團體的每一個人都會唱法鼓山的歌，尤其是〈法鼓山〉、〈四眾佛子共勉語〉，以及〈我為你祝福〉等曲子。每次聚會的時候，都能夠一起唱幾首歌的話，將會形成一股凝聚力，產生振奮的力量。例如聚會開始的時候唱〈四眾佛子共勉語〉，結束的時候唱〈法鼓山〉，或是

〈我為你祝福〉，即能把氣氛帶動起來、提振起來。所以法鼓山體系內的每一場聚會，都可以讓合唱團員發揮所長，大家要珍惜這樣的機會，並且好好發揮。

早期合唱團所唱的歌，大多是在傳達法鼓山理念的歌曲，是師父寫的詞，作曲家譜的曲。實際上，我並不會寫歌詞，一直到現在也沒有寫出幾首。有一些不是我寫的歌詞，但是涵義源自我的理念，例如〈我為你祝福〉，現在這首曲子已經成為法鼓山的招牌歌了。

至於我們能不能夠唱其他的佛教歌曲？因為我們是為了弘揚佛法，所以只要是好的歌，沒有團體色彩的歌，我們還是可以唱，例如：弘一大師的〈三寶歌〉、曉雲法師寫的歌詞、黃友棣作的詞曲都是可以唱的。

我們這個團體屬於漢傳佛教裡的禪宗，隨時隨地都要運用禪法，在唱歌時一心一意地唱，心無二用，這也是禪修的一種方法。如果唱歌時能夠唱得非常專注，那麼打坐或念佛的時候也會容易得力，若是隨時要專注的時候就能專注，往生時一定得生西方淨土。

每次我在台下看到你們唱歌的時候，一邊唱一邊身體輕輕地擺動，感覺很輕鬆，好像是天上的天女或飛天在唱歌、舞蹈，身心處在非常輕鬆、愉快的狀態，這就是禪悅，就是在修行。

（二〇〇六年五月二十一日講於法鼓山園區，原收錄於《二〇〇六法鼓山年鑑》）

承擔是成長的開始

——二〇〇七年全球法青悅眾培訓營開示

法青會於二〇〇〇年正式成立，二〇〇六年擴展為「青年發展院」。現在法青會成員中，有一半以上是社會青年，非大專在校生，能接引社會青年固然很好，但是青年院主要的目標，還是以接引在學的大專青年為主，雖然他們的年齡層較低，但是對我們團體有一定的影響力。社會青年已經踏入社會，是社會的中堅分子，應該要擔當起社會責任，為社會盡一分奉獻，自立而立人，若是停留在青年階段，不往上成長，不是我們所樂見的。

從此刻起，請諸位法師和學員共同思索：「究竟什麼是成長？」、「如何藉由成長來幫助自己，也幫助他人？」

在奉獻中自我成長

成長營的用意是什麼？如果在公家部門或私人企業，被指定或推派參加成長營的人，必定是這個單位希望培養的人才，因此參加成長營之後，就是承擔重要任務的開始。

六月三十日，法鼓山在臺北圓山飯店舉辦一場「新時代．心倫理」座談會，討論這個時代所需要的六種倫理，希望每個人從「心」出發，在各自的崗位上，扮演好自己的角色，承擔起個人應負的責任與義務。現在諸位是法青會的一員，就要時時記得法青成員的身分、責任和義務。

我希望法青會的青年是有慈悲心、有願力的佛教青年，而不是一般所誤解的，逃避社會責任、對社會漠不關心、消極的佛教徒。如果社會大眾看到諸位年紀輕，卻不想付出，只想不勞而獲，這對佛教的損失很大！第一是法鼓山資源的損失，第二是造成社會對佛教徒不良的印象，以為佛教徒都是逃避現實、逃避責任，只知道念佛、打坐的人，只顧自己修行，而不想付出，不想對團體、對社會擔負起責任來。

我認識一位名叫沈芯菱的女孩，她十二歲時就在網路上架設網站，幫助祖父銷售生產過剩的文旦，以直銷方式免去中間經手的成本，自己不但得利，消費者也因此受惠。後來她又架設網站免費助人學習英文，利用自己在學校的筆記分享英文的學習經驗。除了設立網站助人之外，她也參加許多公益活動，其中包括法鼓山的活動。她今年只有十六歲，而自十二歲起就為家人付出、為社會奉獻，十分不容易。

因此，我要勉勵大家：以諸位的年齡，可奉獻的機會相當多！記得我剛到臺灣時只有十九歲，是一名士兵，在軍中為國家奉獻，但是當時我寫了不少散文，也完成十多篇的短篇小說。軍中需要製作壁報時，我也自願當編輯，因為我樂於為大眾服務，因此，日後軍中一有活動，大多選我為代表。我這一生，就是這樣走過來的，我覺得非常有意義。

樂於服務　勇於承擔

今天我和大家談這些，目的是希望你們能夠真正地成長，不要老是停滯、停格於現在的階段；期許在座的諸位，凡是曾參加青年成長營的青年朋友，不但要讓自己提昇，更要學以致用，主動爭取服務、奉獻的機會，有多少力量就做多少奉獻；發心擔任悅眾、領導人，成為活動的核心人物，帶動影響其他人，幫助他們一起成長；執行任務時，則要勇於承擔。我希望法青會培養的人，不僅是社會的中堅分子，更是佛教界的青年領袖人才。

從現在起，請諸位要開始承擔責任，學生有學生的責任，在職者有在職的責任；每個人都有自己的身分，也可能同時扮演多種角色，而有多重的責任，那就是要對不同關係的對象來服務、奉獻。諸位參加法青會，也是一種身分。我希望諸位能真心誠意地回來成為悅眾幹部、盡心奉獻，成為一個名副其實的佛教青年，才不辜負我們對法青的期望。祝福大家。

（二〇〇七年七月一日講於法鼓山園區禪堂，原收錄於《二〇〇七法鼓山年鑑》）

法行會與菁英共修會再出發

——法行會「社會菁英禪修營」開示

諸位菩薩，法行會原來界定是法鼓山的「智庫」，智庫是做什麼呢？比如說國民黨的智庫，就是為國民黨提供各方面的訊息，和提供各方面的規畫、意見；民進黨也有類似的組織。智庫裡面的每一個人，都各有負責的工作和任務，而法行會名為「智庫」，卻沒有真正負責的職務。

雖然法行會的菩薩們很發心，參與了法鼓山的各項活動，當我們辦義賣活動的時候，諸位菩薩們也都熱心參與，並不是說法行會的菩薩們沒有做什麼事，但是有一些菩薩們雖然擔當分配的工作、分組的職務，自己當了組長，卻沒有辦法得力，為什麼？原因是沒有著力點！有工作、有任務，但是缺乏著力點，不知從何著力，所以分配工作等於沒有分配。

因此，在兩、三個星期之前，我請法行會的菩薩們，包括會長、副會長，還有前任的會長，以及我們副總統蕭萬長菩薩出席一個會議並且達成決定，那就是，法行會還是法行會，但是不再有「智庫」的稱呼；法行會仍然有智庫的功能，但是不稱「智庫」。因為叫了「智庫」以後，就等於受限，只具有規畫和建議的功能。我希望法行會是具有行動力的一個組織，能夠協助推動法鼓山的理念。

法行會重新轉型再出發

既然法行會要有一個新使命，共修會是不是也要有一個新的開始呢？在我們這個團體，各個會團都是各自為政，彼此之間沒有互動。法行會就是法行會，跟其他的會團沒有關係；共修會則更獨立了，共修會本來就是一個非常自由的一個結社，想來的就來，不想來就不來，時間一久也就不來了。剛剛參加完菁英禪修營的學員，當屆或者是前一屆的學員，通常願意回來，可是時間久了，漸漸就忘記了。我現在問問看第一屆的有沒有人來？只有單德興菩薩，如果會長來了，只有兩人，那麼其他人到哪裡去了？為什麼不來？冷了！那麼單德興菩薩為什麼還是繼續來？還是繼續打坐，還是繼續替我翻譯？因為他讀我的書，把我的英文禪修著作翻譯成中文，他還認我是師父，所以他還會來。其他的菩薩，漸漸覺得跟我沒有關係，跟法鼓山沒有關係，也就不來了，這是非常可惜的。

這是誰的責任呢？是我的責任！因為我沒有組織、沒有領導的能力，我只請他們來參加禪修，可是我沒有組織能力、沒有領導能力，沒有辦法帶動這些人，雖然我們有各組組長，發揮的作用卻有限。

平常我們沒有互動，因此諸位還能來參加共修是個「異數」，師父並沒有常常跟你們互動，法師們也沒有照顧諸位，給予關懷。我們的法師與菩薩的互動、服務不夠周到，因此除了幾位還非常熱心地參與，其他的人就很少出現。

在這次第三十屆的學員中，有一位是台積電董事長張忠謀的夫人張淑芬女士，她參加了我們最後一期的禪修營。今天來的第三十屆學員也滿少的，這表示如果法鼓山再不照顧你們，你們也會漸漸、漸漸不見了。張淑芬菩薩原來是有打坐工夫的，這次參加三天禪修，倒不是因打坐而得力，也不是聽到我的開示而有用，而是看我很可憐，同情師父有病，還帶病來看大家，給大家講開示，她很感動，一看到我就想流眼淚。她這樣子一想，馬上起個念頭：「從現在起，我要從事社會慈善工作，並且全心投入。」她第一個投入的，就是配合法鼓山前往中國大陸賑災，她的這份發心不是我的弟子帶得好，也不是我的開示講得好，也不是我們的方法好，而是被我感動了。但是如果同樣要求我的弟子們，等他們老了、害病了，再去帶禪修，就可以感動人，有這樣的事嗎？大概沒有。

因此，我跟我們僧團的執事法師商量，法行會要有專責的法師來「帶」，同時兼顧著共修會的菩薩們。所謂「帶」，就是與菩薩們互動，以及辦活動、傳遞訊息。

找到奉獻的著力點

法行會過去並沒有一定的任務，會員也沒有一定需要擔任什麼工作，未來我希望法行會的每位菩薩都能有奉獻的著力點。比如陳韋仲菩薩他的著力點非常清楚，就是協助法鼓山的公關文宣。其他的菩薩希望每一個人也都能夠有奉獻的著力點，有了著力點，我們就能夠繼續往前、往下推動。共修會的菩薩們也是一樣，假如共修會的菩薩們，全部參與法行會，那就可以結合兩個性質相同的團體，一起努力。我只是提供這一想法，未來有需要的時候可以合併，這兩個會的性質是相同的，源頭都是社會菁英。

社會菁英禪修營的菩薩們是法鼓山的寶，應該要有兩千五百多人，但是現在參加活動的人數不多，我們要派法師來協助、帶領、服務，至少要能找回一千人，這也不簡單。其實社會菁英菩薩們，有好多位是法鼓山的榮譽董事，有好多位給了我們很多幫忙，我在這裡向大家表示感謝；往前走的時候，希望大家都能有一個奉獻的著力點，否則難以成事。

今天的開示，好像沒有講佛法，其實佛法跟世法是相通的。為了使得大家都能夠看懂、聽懂，必須要配合世法來講。很多人看我的書，不僅很感動，而且得到很多利益，他們是從我的書得到了利益——不是讀我的論文，而是看了我的這些通俗性文章。雖然是生活化淺白的口語，卻能夠化解大家的煩惱，幫助大家解決心中的痛苦、解開心裡的疙瘩，這就是佛法的功能。

講佛法要看時機、對象

宣講佛法要看對象的程度，有對小眾講的，有對大眾講的。譬如講中觀、唯識、華嚴、天台，這是對小眾講的佛法，就是幾個人、十來個人。而大眾呢？對大眾講的佛法要通俗化，如果對幾千個人講唯識，大概大家聽了想睡覺，不然就走掉了，能看懂、聽懂的人是少數。因此，我講的佛法有兩個層次，一個是對小眾講，一個是對大眾講。

昨天有個菩薩問我，他說最近發生的緬甸風災和四川的震災，死亡及受災的民眾好幾十萬、上百萬，這是不是共業？他說是不是真的有一些人，他們在某時某地造了同樣的業，所以這一生，在同一個時地接受相同的果報？我說，這種說法只對了一半。

因為同樣是災區的民眾，有的人受災比較嚴重，有的受災比較輕，也有的人因禍得福，在災難之中反而得到福報，譬如賺了錢、發了財。此外，同樣是受災民眾，不一定就是過去生在同一個地方造同樣的業，所以這一世遭受相同的果報。有的人可能是過去造了惡業，所以在這一生受災；有的人是過去世發了願要到娑婆世界來救苦救難，因此也在災難之中，如果這個世界上無災無難，這些發了願的人就無用武之地了。因為有災難，所以他們到災區救苦救難，因此我說：「受苦受難的是大菩薩，救苦救難的是菩薩。」

一般講的因果，都是說過去生造了惡業，所以現世接受果報，但是在災難發生的時候，講因果是不恰當的；受災的民眾已經很痛苦了，卻還被說是因果業報，那是非常不慈悲的。我在臺灣九二一大地震及納莉風災前往災區關懷時，都不偏重於講業報，而是告訴他們，業報是有的，有一些人確實是過去世造了惡業，這一生來受果報，但不一定是在同一個地方，有的是在不同的世界、不同的環境、不同的時代造業，而現在到世間接受果報。從佛教的觀點看，其實受報是好事。為什麼？因為把債務還清，就是一個沒有債的人了；如果逃避債主、逃避責任，將來可能要加倍奉還。

所以，災區可能有一些菩薩是來還債的，而有一些菩薩是來還願的，他們為度眾生而來受報。我把這個觀念介紹給諸位，當你們看到有人在受苦受難，不要講是因果受報，而要勉勵他們，是因為他們過去世發了願，今生來還願的。

今天報到的菩薩一共有一百四十六位，這是空前的，非常感謝今天到場的菩薩們。謝謝，阿彌陀佛！

（二〇〇八年五月十八日講於北投農禪寺社會菁英禪修營第五十九次共修會，原收錄於《二〇〇八法鼓山年鑑》）

參與建設法鼓大學的人都是創辦人

──「法鼓山榮譽董事──禮聘．感恩．聯誼會」開示

今天來出席與會的，大約有兩百多人，有的是一家人一起來，其中還有一個家庭裡已經有了七、八位榮董，而今天又增加了幾位，我非常感謝各位的護持。

擘畫佛教教育的藍圖

法鼓山的總本山命名為「法鼓山世界佛教教育園區」，因為它不是一間寺廟，而是一處教育的場所。其實早在三十年前，我就已經規畫我們的教育體系

了，也就是從創辦中華佛學研究所開始。去年（二〇〇七），法鼓佛教研修學院正式於教育部登記成立，今年（二〇〇八）並改名為「法鼓佛教學院」，畢業學生可以正式獲得教育部承認的學位資格。學生的性質和過去類似，不過以前的中華佛學研究所只有碩士，現在的佛教學院除了增加學士，未來還將增設博士學位，讓這三個層次完備。

另外，我們在七年前先成立了僧伽大學佛學院，這是造就寺院人才、宗教人才的場所，原則上它是屬於大學，但是不授予學位。其實，在學僧之中，已經有多位具有碩士、博士學位。從出生到臨終全方位關懷的人才，都由僧伽大學來培養。

目前我們正在努力募款建設的是法鼓大學，我們的籌備處主任劉安之在許多方面，例如《法鼓》、《人生》雜誌上都做過介紹。雖然現在臺灣的大學錄取率很高，幾乎只要報考，就能夠被錄取，而報考大學的學生人數，幾乎比現在所有大學需要的入學人數還少，而法鼓大學是新成立的學校，要怎麼樣才能使所有報考的學生和家長另眼相看？就是我們的辦學方針及教育內容必須獨樹一格。

劉安之主任是非常優秀的教育家，聘請到他以後，我很放心，也經常和他談起法鼓大學要辦成什麼樣子的一所學校，學生的養成要與其他學校不同。相信未來我們畢業學生的素質，會讓人們的眼睛為之一亮，到時候，我們不但在國內，在國際上也是一所有品質的學校。

法鼓山具承先啟後的示範作用

我辦教育的目的，是要把佛教教育的層次、類別一一建設起來，然後再把它交接、傳承下去。例如，僧伽大學我已經交給方丈和尚，法鼓佛教學院現在也交給方丈和尚及校長惠敏法師，至於還沒有建設好的法鼓大學，我不敢、也不好意思把沒有完成的工作交給我的徒弟或學生。因為有一點不忍心，所以還是拖著病體要把法鼓大學完成，之後再交給法鼓大學的董事會。董事會裡多半是我們的法師和居士，交給他們以後，我就沒有事了。總之，我要將一樣事做到某一個步驟或某一種程度，可以放手了，才交給下面的人來接任。實際上，以我現在的身體情況，應該樣樣都要交出去才是。

方丈和尚很有承擔力，最近我們組團到中國大陸訪問，一共有六十幾個人。我最初想，方丈和尚剛接任沒有多久，所以姿態要低，不需要中國大陸大張旗鼓地接待我們。可是方丈和尚帶著訪問團一到中國大陸，無論是當局政府、寺院或佛教會，都把他看成是我的嗣位接班人，是我的代表，因此禮節都非常隆重，而且是高規格的接待層次，某些地方甚至還有公家部門派公安車做前導，就好像是我到了大陸一樣。

法鼓山現在可說是在世代交替之中，事實上，中國大陸佛教界也是一樣。過去我們到中國大陸，看到的都是老和尚，這次訪問團看到的，幾乎都是由二、三十歲的年輕人來擔任方丈，非常有活力。而且他們對外弘化的運作方法很多都參考法鼓山，甚至也派人到我們這裡學習法鼓山在社會教育、佛教教育、關懷教育各方面的推廣方法。所以，法鼓山在這幾年漸漸地有了一種示範的作用。

以實力為信心的基礎

所謂「創辦人」，就是創辦這所學校的人，所以，不只是我，榮譽董事們參與法鼓大學的創辦工作，出錢、出力、出意見，當然是我們的創辦人；所有參與的菩薩也都是我們法鼓大學的創辦人，而我只是創辦人之中的一分子。因此，我非常期待，也非常感謝諸位榮譽董事對於法鼓大學的支持。

法鼓大學是不是一定可以建得起來？當然沒有問題，我們有百分之百的把握。可是有人擔心，現在景氣不好，未來可能更蕭條，那麼經費要從哪裡來？經費足夠了嗎？

我想，從信心來講，我們是足夠的；從對未來的預料來講，經費也是足夠的。我們需要建多少建築物，就會有多少錢，而錢就在諸位的身上，以及觀音菩薩的身上，我們若有這種信心，就會募到款；我們若相信它建得起來，它就能夠建得起來。只有在艱苦困難之中，我們有信心要完成心願的時候，就一定可以完成。

法鼓山第一期工程開始建設時，許多人都認為一定完成不了，因為山上還看不到任何建築。可是經過十五年的時間，一轉眼，法鼓山不但建起來了，而且還做得很好。所以，請大家要有信心，法鼓大學一定能在預定的時間內完成，一定會如期開學，屆時還請諸位一同來蒞臨開學典禮。

請諸位也要像我一樣有信心。我做事向來就是靠信心，這不是吹牛或說大話，而是靠真正的實力。因為有實力，所以有信心會得到好的成果，而且在未來幾年內就可以看到。請大家拭目以待，等著看我們法鼓山的大學建起來。

其實建築完工還是小事，在法鼓山上培養出人才來，這才是最重要的事。希望五年後，就能看到法鼓山培養出來一批一批的優秀學生。這一點劉安之主任很有信心、很有把握，我當然也很有信心、有把握。但願諸位菩薩能為我們多念觀音菩薩，除了自己來支持法鼓大學，同時也呼籲親戚朋友一起來支持。

今天我非常歡喜，在一片不景氣的狀況下、在一片不看好的狀況下，我們仍然有兩百多位菩薩前來接受榮譽董事的聘書，這是我相當高興的事，我相信這是諸位對於法鼓山、對於我聖嚴信心的表示，我非常地感謝、感恩。

阿彌陀佛！

（二〇〇八年十月五日講於北投雲來寺，原收錄於《二〇〇八法鼓山年鑑》）

勉大馬青年對漢傳佛教有信心
——馬來西亞護法會「悅眾關懷會」開示

阿彌陀佛。

我是臺灣法鼓山的聖嚴法師。首先在這裡對馬來西亞護法會，特別是馬來西亞的學佛青年們，致上最高的慰問。

本來我打算要在二〇〇八年的十二月到馬來西亞，看看諸位。但大家可能也知道，我的身體狀況不是很好，醫生不允許我出國，所以只好作罷。

法鼓山在馬來西亞發展的時間很晚，只有幾年的時間。最初是由林孝雲菩薩開始的，但成長得非常快，原本的會所是承租的，現在擁有自己的會所，這非常不容易，可見法鼓山馬來西亞護法會活躍的力量相當強，特別是我們的佛教青年，活力非常地強，幾乎每年都會回到總本山來，參加成長活動、禪修。

你們對於馬來西亞佛教的護持、發展，以及對馬來西亞佛教的前途，都抱有非常遠大的希望和動力，這點我認為相當了不起。

其實我來過馬來西亞兩、三次。最早的時候，是馬來西亞鶴鳴寺的印慧法師，在我閉關的時候，經常寄幾塊錢的馬幣給我零用，希望我在臺灣閉關的計畫完成之後，來馬來西亞鶴鳴寺承接法務。那時候臺灣的物質生活、臺灣的國際環境，都沒有馬來西亞好，當時我也很希望能到馬來西亞來。可是後來我出關以後，去了日本留學；留學以後又到了美國；然後又回到臺灣辦學、成立中華佛研所。這樣子就把時間一直拖到現在。

現在在臺灣的法鼓山僧團法師，就有二十多位青年來自馬來西亞，他們都很優秀，不僅中英文俱佳，佛學造詣也非常好，是我們法鼓山的寶，因此我很想再到馬來西亞看看諸位。但因健康因素不能成行，只好以錄影的方式問候諸位。

法鼓山是培養佛教人才的教育團體

我們法鼓山這個團體，看起來、聽起來好像是一個普通的佛教寺廟，或者是寺院、教會的團體，其實不然。法鼓山的總本山，正式名稱是「法鼓山世界佛教教育園區」，是負起對世界佛教教育的責任。而所謂「教育」，對象是誰？當然多半是青年，不一定是在臺灣的青年，而是世界各國的青年，甚至於中年都有。因此，「法鼓山世界佛教教育園區」在世界各國有一些知名度，原因就是它是一個教育的場所，而不只是一個佛教的場所。我們有中華佛研所、僧伽大學、佛教學院，以及建設中的法鼓大學。這一次我們的法師到馬來西亞，主要向馬來西亞的青年與佛教界，介紹我們的僧伽大學。

法鼓山僧伽大學現在已經有了四屆畢業生，很快就要有第五屆。諸位不要認為所謂大學一定是高中生畢業進入大學，法鼓山僧伽大學的學僧，多半是大學畢業以後，再來就讀的，所以他們不等於是大學生。也有不少碩士、博士，或是擁有雙學位的人，來就讀我們的僧伽大學。

我再強調，法鼓山是一個研究性的、學術性的，是普遍性的、教育性的，是普遍推廣佛教教育的一個教育園區。所以一進我們的大門，就可以看到「法鼓山世界佛教教育園區」這幾個大字，表明就是不同於其他的寺廟，不同於其他的大學。我們的門口沒有寺廟的形象，但是我們是觀音道場，所謂觀音道場，就是修觀音法門，而以觀音菩薩的慈悲，觀音菩薩的大慈悲心、慈悲精神來辦教育，使得學生都成為觀音菩薩的化身、觀音菩薩的代替人。因此畢業後，都是很有慈悲的人，都成為能夠弘揚佛法的人才，也就是佛教的弘化人才，而不是經懺人才、辦法會的人才。

我們的辦學目標是培養淨化人心、淨化世界的人才。當然我們淨化的範圍很廣，除了臺灣一地，我們也希望華人世界、乃至於非華人的世界，都能夠接受我們法鼓山的教育；接受法鼓山的教育之後，能夠淨化全體的世界，全體人類的人心。

青年學佛要持之以恆

此外，我要對馬來西亞的學佛青年，勉勵幾句話。青年學佛，有一個很大的優點，就是有衝勁。剛開始的時候，有勇猛精進的信心；可是衝勁過了以後，就可能會有退心。所以青年學佛的人要特別地注意，不要只有三天的時間，熱心就沒有了。這樣子很可惜，要保持住青年學佛人的特性，而不要把青年的一種壞習慣，做為學佛的一種習慣。學佛需要長時間的精進學習，不是一天、兩天看一看，好像是懂了，其實學佛不容易，剛開始的時候懂了，表示這是你的善根非常高，但是慢慢地愈來愈深入的時候，表示你的善根能夠深入了，所以一定要持之以恆，堅持不退。

漢傳佛教的包容性，能適應不同的社會與文化

另外一方面，對於馬來西亞的佛教，以及對於未來世界的佛教發展，我

認為是相當有希望的。在馬來西亞，佛教不是國教，馬來西亞的國教是伊斯蘭教。但是馬來西亞政府非常開放、非常開明，對於佛教的態度是開放的，對於佛教是支持的，對於佛教是協助的。這就是一個文明國家應該有的態度，我們很感謝馬來西亞政府。

在馬來西亞，雖然有很多人學佛，有漢傳的、南傳的，也有藏傳的，但都是各自發展，我們希望馬來西亞的佛教將來能夠整合、統一。事實上這個問題，在臺灣也是一樣。因此我們希望將來有一個世界性的佛教，以漢傳佛教做為中心，和世界接軌。

為什麼漢傳佛教有這個資源，有這個能力？因為漢傳佛教的內容，是非常廣大精深；加上漢傳佛教的歷史悠久，漢傳佛教的人才眾多。現在在臺灣，漢傳佛教還是所有佛教之中最強大的一個支流。希望將來世界佛教，就是以漢傳佛教為主流，而貫穿、接通世界各系的佛教。這個任務，也只有漢傳佛教可以承擔得起來。為什麼？因為漢傳佛教有彈性。有什麼彈性呢？有自我伸縮、自我成長和適應的能力。遇到不同的宗教，漢傳佛教有不同宗教的應對方法；即使遇到不同的佛教，不僅有廣大心量可以接納，而且還可以開發。所以漢傳佛教是將來對於世界佛教，唯一的，也可以說是能夠變成一個發揚光大，而且是成為佛教中心的佛教。

漢傳佛教能夠適應任何一個社會，任何一個國家的文化。雖然漢傳佛教在當今的西方社會，看起來好像沒那麼活潑、壯大，但是將來一定會受到重視。為什麼？因為西方人已逐漸感受到漢傳佛教的彈性、活潑性，所以將來我們漢傳佛教是最有希望的。因此我希望我們研究、學習漢傳佛教的青年菩薩們，要精進努力於漢傳佛教，對於漢傳佛教的未來，要有絕對的信心。

阿彌陀佛。

（錄影於二〇〇八年十二月二十日法鼓山園區開山寮，二〇〇九年二月二十二日播放於馬來西亞護法會悅眾關懷會，原收錄於《二〇〇九法鼓山年鑑》）

奉獻自我，成就大眾

——專職人員

齊心共力建設法鼓山

認識法鼓山

大家都是在法鼓山工作，可是法鼓山究竟是個什麼樣的團體呢？法鼓山是一個整體的教育團體，包括有大學院、大普化、大關懷三大教育。以重點性來看，每一個部門皆在做分門別類的工作，但以整體性來看，大家是彼此互動的。所以，在新的年度，不管是在哪一個單位、哪一個部門工作的人，都是這整體的一部分，要把自己包含在這三大教育裡。

法鼓山是以禪修、教育和文化做為核心。禪修是我們修行的主軸，而教育和文化則是用來訓練弘法利生的人才，這些人才也必須具備有良好的禪修修行，不只是要會打坐，還要能主持、弘揚佛法，對整個社會、歷史產生影響力。

法鼓山的禪修是漢傳佛教的禪修，是延續中國禪宗而來的。為因應時代、環境的變化與需求，現在的法鼓山，仍具有中國禪宗的根本精神，卻也融合了當代世界各派佛教的優點，成為社會大眾所需的漢傳佛教。

體驗法鼓山

如果僅止於認識法鼓山，那只是個旁觀者、研究者，只是從知識中了解它！因此，希望今天在座的各位，一定要透過生活的實踐來體驗法鼓山的三大教育、四種環保。還有，法鼓山的精神是漢傳佛教中的禪佛教精神，禪佛教的精神是表現在日常生活中的，例如你正在做什麼，你的心就在做這件事；心裡不要緊張，身心是非常愉快、輕鬆地做眼前工作，這就是禪。我也勉勵大家體驗法鼓山，先從做「人品提昇日課表」開始，每天檢討，日積月累慢慢地做下去。

運用、推廣法鼓山

體驗法鼓山，獲得法益之餘，然後要運用法鼓山的資源，以及所提倡的四種環保，並推廣法鼓山的理念、精神和方法，這就是在弘揚佛法，淨化社會人心，亦是對社會的一份大布施。

（二〇〇五年一月十三日講於北投農禪寺專職菩薩精神講話，原收錄於《二〇〇五法鼓山年鑑》）

學做千手千眼觀音菩薩

在許多部重要的經典裡，都可見到佛陀介紹觀世音菩薩，如《法華經》的〈普門品〉；《楞嚴經》的〈觀世音菩薩耳根圓通章〉；還有《千手千眼大悲心陀羅尼經》等。觀世音菩薩在印度、中國、西藏和日本，也都非常地普遍。

在法華法會裡，會放焰口。焰口的起因，代表著觀世音菩薩的化現、慈悲救濟；中國人也有這麼一句話叫作「家家彌陀，戶戶觀音」；西藏拉薩的布達拉宮，譯音為普陀落伽，也是觀世音菩薩的聖地之一。

用觀音法門面對生活難題

我們有許多所謂情緒管理、人格訓練或是道德規範等法則，在平時或是沒有突發狀況的時候有用，可是一旦在生死交關的緊急狀況下，就派不上用場，譬如說南亞大海嘯，當海浪來的時候，自己逃命都逃不了，哪顧得了家人？在這個時候，金錢、地位、勢力或家人，都幫不上忙，那該怎麼辦呢？可以使用四句話：「面對它、接受它、處理它、放下它。」

我們知道逃避並不能解決問題，唯有面對它，然後接受這樣的事實，並處理問題，一旦都沒有其他辦法或技巧，就念觀世音菩薩，心靈神至後，就知道怎麼處理了。如果念觀世音菩薩還不能立刻解決問題，不要急，只要不斷地念，過了一陣子之後，自然會有轉機出現。

法鼓山為觀音道場

法鼓山是觀音道場，我們在做觀世音菩薩的工作，觀音菩薩是有求必應的。許多來接觸法鼓山的人，都希望經由這個團體，得到平安、順利、安慰，甚或得到智慧與健康，因而加入法鼓山。所以，在法鼓山工作，是一份使命、一份光榮，亦是一份收穫。

我從小便在修觀音法門，持誦觀音菩薩聖號和學習觀音菩薩，當你們加入法鼓山這個團體，一方面念觀世音菩薩，一方面也要學習觀世音菩薩的大慈大悲、救苦救難，用千手護持眾生，和用千眼照見眾生；如此一來，我們等於就是觀音菩薩的化身。當我們擔得起這樣的使命時，人們和我們這個團體接觸，就等於接觸到觀音菩薩一樣。

所以，我們是在菩薩的光芒底下，接受觀音菩薩的照顧，也學習做觀音菩薩。諸位菩薩來到法鼓山服務，親近觀世音菩薩的道場，學習著觀音菩薩的精神，漸漸地，久而久之就成了觀世音菩薩的一部分。

以磁鐵運作的方式為例，當許多散鐵，遇到一塊很大的吸鐵石時，就會和吸鐵石凝聚在一起。如果時間夠久，這個普通的鐵也會變成吸鐵石，也會有磁場。有很多人，因為接受法鼓山的理念，而朝著這個方向努力地學習，更進一步改變了他們的人生觀、生活態度和他們的命運。

接觸法鼓山如同接觸觀世音菩薩

接觸法鼓山，就如同接觸到觀世音菩薩、大勢至菩薩和阿彌陀佛一樣，這是一種象徵。凡是接觸我們的人，我們就散發出有如觀世音菩薩的慈悲和智慧，有慈悲心，能夠救苦救難；有智慧心，能夠處理問題。

但是，你們一定不覺得自己是觀世音菩薩，因為還有很多煩惱、問題及狀況，也常常在鬧著情緒。而我們只要仰仗著觀世音菩薩的光明，我們自己就會有光。因此要常常念觀音菩薩，觀音菩薩就和你在一起。所以，在這裡工作的人除了一份光榮、一份使命，還有一份收穫和一份利益。

許多來法鼓山當義工的人，是因為受到感動，覺得付出就是收穫，覺得這裡是一塊很大的福田，有機會參與是一份很大的福報。

當人們進入法鼓山，接受這個團體的方法和觀念後，就能安身立命、得到安全感，不論是有錢、沒錢，有勢、沒勢，有地位或是沒地位，都能因為我們的方法和觀念而受用。

諸位在這裡，不論做的是什麼工作，都像是在扮演著義診隊裡的醫生、護士或是工作人員的角色，醫人家的病，救人家的心，從他們精神、心、觀念救起，給他們力量、希望和安全感，這就是我們在做的工作。

入如來室，著如來衣，坐如來座

諸位學著菩薩而做菩薩的工作、擔任菩薩任務的同時，自己也在成長。《法華經》裡有三句話：我們要「入如來室」，就是進入如來的房間，以大慈悲心，包容眾生；「著如來衣」，以柔軟心，忍辱一切；「坐如來座」，讓智慧處理問題，然後心中不要罣礙，這就是菩薩開始學佛的途徑。

如今諸位已經登入法鼓山的殿堂，發大慈悲心、救護眾生的心，就是已經入如來的室。其代表的意義，首先是面對所有的人都慈悲以待，不把他當成是仇人或是敵人般對待，而與他斤斤計較。

其次，如來的衣是柔軟的忍辱衣。我們的心要柔軟，不要剛強，當用慈悲心對待他人的時候，我們的心一定是柔軟的。而忍辱心就是當別人給你折磨、困擾、打擊或是麻煩時，雖然心裡感到痛苦和委屈，但如果學觀世音菩薩就應該要披上柔軟的忍辱衣。

當問題朝你衝擊過來的時候，若能以柔軟的態度、忍一下！小不忍則亂大謀。所以我們要忍，小忍也要忍；能忍，就有福報，能忍，就能過萬重關，因為柔能克剛，也能四兩撥千斤。

第三，如來的座是法空座，因為一切法皆是空的。當我們學習菩薩的精神時，一定要體會到，所有一切現象都不是永恆的，都如過眼的雲煙，種種的狀況都只是暫時的現象，很快就會改變；一旦改變了，這個事件就不存在。既然是經常地改變，就不是永遠不變的。但是有人心急，希望它一下子就能改變，可是這就像是種下的果子，時間到了它就會熟，沒有成熟是不好吃的，熟過了頭，也是不能吃的。也就是說，還沒有成熟的事，不要急。所謂「如來的座」，指的就是一切法、一切的事務、一切的現象，都是暫時的，但是，不要因為一切都是暫時的，就不要做它了！例如：雖然我們的身體是暫時的，但也要吃飯；雖然這個身體是假的，但還是要維持它，以便好好地用它，用它來學觀世音菩薩。

隨時扮演觀音菩薩千手千眼

今天所講的是觀音法門。法鼓山是一個觀音菩薩的道場，凡是參與法鼓山，就成為這個團體的共同體。我們不只有一千隻手，也不只有一千隻眼，我們的使命就是做觀音的千手千眼，用千手護持、千眼照見我們的世界。

今天對諸位說的話，是一份用不完的福利。不僅如此，還可以把它無限制地布施給人，所以觀世音菩薩的另外一個名字叫作「施無畏者」。我們有什麼辦法能讓人不再有恐懼心、畏懼心、害怕心、憂慮心或是慌張的心？即是念觀音菩薩，這就是觀音法門中最好的修行方法。

請諸位自己念觀音菩薩、求觀音菩薩、學觀音菩薩，然後自己隨時隨地扮演著觀音菩薩的千手千眼。

（二〇〇五年四月十一日講於北投農禪寺專職菩薩精神講話，原收錄於《二〇〇五法鼓山年鑑》）

扮演好自己的角色

今年度，為了落成開山大典，大家的工作及業務量都普遍增加。落成典禮不是一個句點，而是一個「引號」。落成典禮完成後，我們仍需共同努力，把法鼓山的理念內化成自己的生命價值，並且推廣至社會大眾。

為護持法鼓山理念而工作

就工作的目標來說，法鼓山的立基是什麼？是精神上的理念，提倡「心靈環保」。我們核心的信眾有幾十萬人，每個月固定捐款護持法鼓山，那是因為認為法鼓山的理念——「心靈環保」值得護持。

法鼓山的教育事業，責任很重，現在在座有好多都是義工菩薩，很多專職菩薩，雖然是拿薪水的，但是他們辭掉了原有的工作，到法鼓山來，為了什麼呢？原因很簡單，就是為了奉獻、護持法鼓山理念，為的是讓更多人認識法鼓山的理念與方法，並進一步去應用，雖然是拿薪水的，但是心態都是奉獻的，做的是義工。

諸位要站在這個角度來思考個人的工作效果、工作量、工作價值，才不會質疑自己是為誰工作、為誰辛苦為誰忙，在這個地方薪水不高，工作量也不見得少，但為什麼大家還願意這樣子做呢？因為就是希望自己能運用法鼓山的理念與方法，同時幫助我們團體發揚光大。未來參與我們的人愈多，相對我們的產品產量要增加、關懷層面要擴大，品質要提昇，以上先給諸位勉勵。

彼此互為生命共同體

另外，我今天想以西方人很喜歡用的「Who am I?」，來跟諸位分享。我一向主張，一個人一定要扮演好自己的「角色」，把自己的「角色」扮演好，「定位」明確了，你的「責任」、「義務」、「權利」清楚了，就是一個高明的人。

過去，我們講倫理、道德，倫理、道德的核心定義，就是確實把自己的角色扮演好，一個人是什麼身分，就有怎樣的職務、地位。在家庭、學校、工作場所、社會、國家、世界、人類中，我們可以逐步地把握，擴展出去。

一個人的存在，不是固定、孤立的；一旦把自己的責任、義務完成，無論在任何一個點上，都會左右逢源，都會非常地快樂。如果自己不盡責任、義務，只是想爭取自己的權利是什麼？但權利必須是在你盡了責任和義務之後，大家給你的一份報酬。

譬如說，在家庭中，你是一個家長，這是家庭成員給你的報酬，因為你替大家服務了，你先盡到你的責任、義務，才有這個權利。所以，權責通常是一體的，一定是先有責再有權的。

這就是「Who am I?」，「我是誰？」。在家庭裡，你是誰？有可能是父親，有可能是父親又是兒子，有可能是父親又是兒子又是孫子，身分相當多，有不同的身分，就有不同的關係。在職場上，有些人工作了一輩子，都是在同一個位子上、同一個層級；但有的人，每到一個地方，人家就會把他選出來，這是為什麼？當然可能是運氣好，或是能力好。但為什麼都輪不到你，可能就是你沒有扮演好自己的角色。因為一個人若能扮演好自己的角色，人家一定會看到你、重用你。若自己的角色沒有扮演好，常忘了自己是誰？這就是自己跟自己的職務、身分不相應。

佛教裡有一句話：「做一日和尚敲一天鐘。」負責打鐘的和尚就是每天早晚都必須要撞鐘，我們做人一定要知道自己是誰？是一個什麼立場的人，自己應該把事情做好，也包括我們跟上下左右的互動關係要很清楚，而且人和人之間的互動是具有彈性的，彼此應該要互相支援協助。

扮演好自己的角色

在盡個人的倫理、責任之餘，協助這個團體進行其他需要你的工作，即使不是你的職務，但是需要你協助，你就協助，如果這樣，這個團體就是你的。如果把自己孤立起來，這個團體的光榮就跟你沒有關係。

每個部門，都是法鼓山團體的一部分。我們對自己的團體要盡責任，並分工合作，彼此是一個生命共同體。因此，有狀況需要救援、支持時，大家都去幫忙，這樣可以精簡人力，產生更好的效果。我們對自己的團體，對社會、國家、世界都有責任義務。

曾經有人說，亞馬遜河一隻蝴蝶，它搧搧翅膀，最後可以讓德州產生了一個大颶風，這就是所謂的「蝴蝶效應」！「效應」是指一個微小的動作，便會影響你周圍的環境，也會影響另外一個周圍的環境，不要以為自己是小人物，不會影響人，在辦公室裡，有好的示範，就是菩薩！如果示範是負面的，也是菩薩，就是扮演魔鬼的菩薩。

我們一定要明確知道「我是誰」，並扮演好自己。每一個角色都扮演好了，那我們的團體就有希望了。

（二〇〇五年七月二十一日講於北投農禪寺專職菩薩精神講話，原收錄於《二〇〇五法鼓山年鑑》）

在生活中體驗佛法

今天是二〇〇六年第一次的精神講話，本來精神講話的對象是僧團和各事業體、各分院的專職，但是這一次，我希望護法會的悅眾，包括轄區的正副召委和各會團的主管也能夠一起參與，主要是希望藉此因緣，向各位提出法鼓山落成開山後的年度目標。

建立義工制度，善用義工資源

在法鼓山落成開山的過程中，無論是事前的準備或開山後的運作，都需要大量義工的支援，於是總本山或各地分支道場都需要義工，但義工人數有限，因此常讓義工們分身乏術，我在這裡要向僧團法師以及所有義工們說一聲：「大家辛苦了！」

我們從一個小小的農禪寺，發展到現在的法鼓山，是全體僧俗四眾共同成就的，而現在需要更多長期義工的投入，然而，現在看來人數似乎仍然不足。

做義工是福慧雙修的事，希望僧團今年度要把義工制度建立起來，包括：如何運用義工、培養義工，使得義工的人數愈來愈多，並且讓他們感覺到：「做義工是一份光榮！做義工是一種成就！做義工更是一樁大功德！」這是非常重要的。

我們每辦一次活動，義工人數和義工品質都有成長，義工在服務奉獻的同時，也接受法鼓山理念的熏習，自己的素質成長，進而影響更多的人來做義工。

因此，我們歡迎各層次的義工前來擔任不同層次的工作。新加入者可以擔任較簡單的任務，等到比較熟悉之後，即能擔任比較深入的工作。最高層次的義工則是全方位的，可高可低、能屈能伸、尊卑不計。

所謂高層次的義工，並不是指那些學問好、能力強，站在人前的人，而是願意從基礎的義工做起，能夠接受各種不同的工作，這才是全能、全才的義工。

務必要使義工的素質成長、人數也成長，這是我們今年度的目標。多做奉獻、服務與關懷的工作，自然而然我們的素質和工作品質都會提昇。

我們團體中的各個單位個別來看，人人都很優秀，但是普遍來講，整體效率還可以更提昇，我們必須加強橫向的溝通。大家都是團體的一部分，彼此要了解，要互相協商，否則僵持不下，把別人卡住了，自己也走不出去。就像一個團體的兩隻腳，如果一隻腳說：「我要先走。」另一隻腳也說：「我要先走。」結果兩隻腳競走，根本跨不出去。如果每個單位都各自為政，互不相讓、互不相通，那我們的團體就很難前進！

今年，我希望各事業體、各單位相互之間，都能夠橫向溝通、上下暢通，處處四通八達，互通有無。如此一來，我們的團體才可能活絡與成長。

積極推動「生活佛法化」

法鼓山是為了社會與眾生的需要而存在的，我們學習菩薩行，是為了淨化人心、淨化社會。有的人認為自己能力有限，時間不夠，經濟狀況差，大概能做的很少。像這種得過且過的心態，大家絕不可有，否則我們的團體不容易成長。

護法總會總會長陳嘉男在接任之後，提出「佛法生活化，生活佛法化」的構想，這也是一項運動，經過這些年來的推動，雖有發揮一些影響力，可惜成果不顯著。其原因不是因為理念的錯誤，而是缺乏推動的著力點。

「佛法生活化」，這是我的責任，我把艱深難懂的佛法，轉換成人人能懂，人人可用的觀念和方法，也就是「佛法生活化」。而讓每一位菩薩能在生活中，身體力行地實踐我提出的觀念和方法，例如我們正在推動的「心五四運動」、「四種環保」，以及二十句的〈四眾佛子共勉語〉，都是可於生活之中實踐的，這便是「生活佛法化」。

有位交通組義工，是位計程車駕駛，我問他：「你的生意好嗎？」他說：「師父，您不要擔心，我有飯吃就好了。」他已經六十歲了，還經常到法鼓山做義工。

接著我又問他：「你付出這麼多，會不會覺得為誰辛苦、為誰忙？」他說：「師父，有機會讓我奉獻、讓我種福田，我已經很感恩了。我這一生沒錢也沒名，只希望多種福，多培福；在培福的同時，也聽聽師父的開示。我經常在車上聽師父的開示錄音帶，也拿師父的結緣書送給乘客。」這位菩薩全心投入服務與奉獻之中，這就是「生活佛法化」一個很好的例子。

去年所舉辦的法鼓山落成開山大典中，我們提出了「大悲心起」的主題，期勉全世界的人類都能夠發起大悲心，期許每一個人都學習觀世音菩薩無條件、不計對象的慈悲廣被，不為自己想，而為法鼓山的菩薩考量、為眾生發起大慈悲心。當我們每一個人都學習菩薩的大悲心，不考慮自己的利害得失，把我們自己奉獻給社會，奉獻給團體，這時，自己也一定是受到關懷、被人照顧，也會非常平安。

創造最佳的工作效能

一年之計在於春，我在這裡勉勵諸位，也可說是要求和期待：希望我們團體的運作更靈活，成效更好，對社會的影響更多，尤其在我們落成開山之後，社會大眾對我們的期待更高，我們應該要在這個好的基礎上更努力、更珍惜。從今天開始，但願我們的團體，不論僧俗四眾，大家都能夠發起大悲心，從落實「生活佛法化」做起。將佛法當成是生活的一種依據，大悲心才會愈來愈強烈，這是我們要推動的方向。

希望每個單位都要提出年度的工作目標，大目標是各部門的橫向、縱向溝通要順暢，以及工作效能的提昇。也請大家都能好好思考：「自己能夠貢獻什麼？」、「如何在工作崗位上創造最佳的效能？」

訂定年度的工作目標，目標達成以後再往前走，假使沒有達成，則要繼續加強，絕不能懈怠。過去每年年終的時候，我都會在《法鼓》雜誌上發表回顧與展望的談話，那些多半是師父在世界各地弘法的心得，現在師父的年紀大了，體力也差了，不可能再像過去那樣在國內外奔走，但是如果大家都能訂定目標，到了年終的時候，還是會有很多的成果可以報告。希望各單位都可以達成各項的年度目標，年底時讓師父講都講不完。

法鼓元年，世代交替，我在這裡為大家祈禱、祝福，也相信大家一定能夠達成。只要發願，只要發心，就一定能夠做到。阿彌陀佛！

（二〇〇六年一月十九日講於法鼓山園區專職菩薩精神講話，原收錄於《二〇〇六法鼓山年鑑》）

做個標準的法鼓山菩薩

許多到法鼓山上的人，大都很讚歎我們的建築和景觀。我們建設法鼓山的目的在於希望培養出更多的法鼓山菩薩，而所謂的「法鼓山菩薩」，就是在實踐、推廣、維護法鼓山理念的人，只要合乎這樣的條件，都算得上是法鼓山菩薩，而不是一定要到山上來，才能看到法鼓山菩薩。

最近，一群來自加拿大溫哥華的信眾，到法鼓山上參訪後，發現山上的法師們都非常親切、有威儀、有禮貌、謙虛熱忱；而義工們從言行舉止中流露出法鼓山的精神，這就成為法鼓山的一個特色。因此，不管是僧團法師、專職，或是義工、信眾們，都應當有同樣的素質，這才是在做實踐、推廣，以及護持法鼓山理念的任務。

專職是核心　應最能實踐法鼓山理念

專職菩薩是法鼓山的核心，應該最清楚法鼓山的理念、風格，以及目標，如果還不如一般信眾的熱忱與虔誠，那我們就失敗了。因為如果核心黯淡無光，那就不是核心了。因此，如果僧團法師、專職菩薩自己沒有光，只是靠外邊的信眾來給我們發光，那真是很可憐了！

我們的法師和專職人員必須接受訓練，僧團有專門管理僧儀和內部教育的人；人資室則訓練專職菩薩。教育訓練時，必須要讓新進和資深的菩薩們，在品德上增長、觀念正確。因為品德好，就會知道自己應該做的事，而且必定是盡職盡分，而這才是法鼓山菩薩的精神。

如果工作效率差、工作能力不夠、工作品質不好，表示法鼓山團體沒有良好的訓練，如果只靠師父的講話，大家才有精神，那這個團體一定是失敗的，必定要從日常生活的訓練之中改善，精神講話只是目標和方向。然而不要誤解人的品質提昇，光是表現在對人講話有禮貌，衣服整齊就夠了。整齊、禮貌、謙虛，只是一種形象的表現，並不真正代表品質的好壞。

人品好的人必定是內外在行為一致，如果與人相處時，服裝整齊乾淨，又能和諧友善，常帶謙虛的微笑，可能只是在做外交、公關，或是推銷員。所以除了外在的儀表、儀態之外，必須要求自己的內心是踏踏實實地盡心、盡力、盡職、盡分。不論能力的強弱，不論資質的高低，都要盡心盡力。力量不夠，可以學習及訓練，能成長多少就成長多少。

盡職盡分　部門間同舟共濟

盡職盡分的「盡職」有二個層面的意義：一是職務的職；二是責任的責。擔當的是什麼職務，就要將這個職務做好；「盡分」則是把擔任職務的本分盡到。很多人會誤解職務的本分是只要把自己分內的工作做好，其他人的事就不管了。我們的社會關係是建立在彼此的互動、互助上，如果只將自己範圍內的事情做好，其他人請求協助、支援時都不理會，就像隔壁鄰居失火，如果不去幫忙救火，這就不對了。

一個社會一定是彼此支援的，同一個團體裡部門與部門之間，就是在同一個屋檐下的共同體，他人有困難無法解決時，只要能幫忙，絕對要全力以赴。因此，盡職盡分就是在一個團體內，除了將自己的部分做好之外，別的部門需要幫助時，也要去支援。因此，品質的提昇，不僅僅是儀表要好，工作效率、工作品質、工作態度也一樣要好，這才是真正標準的法鼓山菩薩。

一個團體就像一個人，身體上有頭、手、腳，以及五臟六腑等，每一個器官有它自己的功能，但是可以互相輔助。如果一個人沒有了兩隻手，還可以運用腳和嘴，所以團體裡某個部門弱時，其他部門就要給予協助與支援。

有的人能力強、反應快，非常聰明，學習也很快速；有的人則工作慢、學習慢，什麼都慢，我們也同樣需要他們。我們可以協助他們成長，成為有用的人。在訓練他們的同時，我們的智慧也會增長，更結了許多善緣，那就成為一位真正的菩薩了。

一個團體中必定是有部分強、部分弱；有的人能力高，有的人能力低，如此才能成為一個大的團體。佛經說：大海裡有大的龍、鯨魚、鯊魚，也有眼睛不易看到的微生物，這就是大海。所以團體裡一定是有無相通，智愚互補，養成這樣的共識，我們就是智者、能者，自然而然變成一個偉大的菩薩。

只要有人實踐推廣　法鼓山永遠存在

要把法鼓山整個大團體當成是一個共同體，這樣的態度才是健康的。提昇人品要從心態上、認知上、儀態上、工作上表現出來。我希望能有完整的訓練課程，包括如何將工作做好、如何提昇品德。提昇人品的目標是永無止境的，在未成佛前都要不斷地提昇。

因此，建議諸位，不論是新進的、資深的，不論是出家眾、在家眾，都要好好研讀《法鼓山的方向》這本書，這是收錄我歷年來的精神講話及對護法悅眾的開示。除此之外，還要定期舉辦成長課程，一定要對自己品質的提昇與否有所反省，彼此之間互相激勵，產生共鳴。

上課之後的心得分享，也要有勉勵、鼓勵，以及自我檢討的心。舉例來說：「我在前半年有成長，下半年希望有另外一個目標，使我更能成長。」整個部門的主管、全體工作人員應該檢討，上半年節省了多少錢？今年度比去年度又節省了多少？工作效率成長了多少倍？這才是真正的成長。

法鼓山是千年道場

法鼓山是千年的道場，能夠持續不變，是因為有信仰、精神和理念。佛教的僧團至今已有二千五百年了，在佛教衰微時，就回歸到釋迦牟尼佛的精神，所以佛教的團體能夠一直存在。法鼓山無論如何都要堅持師父最初開創的精神，只要還有一個人能堅持，這個團體就有希望，就會存在。

今天我講了兩點：一、要讓人家看到我們像個法鼓山菩薩，每一個人都要盡心盡力，盡職盡分。二、要成為一個真正的法鼓山菩薩，就是要接受、實踐、推廣，以及維護法鼓山的理念，即使法鼓山的建築沒有了，只要有人弘傳就有希望。就像佛陀時代的祇園精舍、竹林精舍、靈鷲山，以及鹿野苑，這些地方都已成為廢墟，但是還有很多人在接受、實踐、推廣，以及維護佛陀的教法，所以佛教還在。

希望年底時，各部門都能達成今年預定的目標，法鼓山才是真正地開創了「法鼓元年」，生生不息。

（二〇〇六年四月六日講於法鼓山園區專職菩薩精神講話，原收錄於《二〇〇六法鼓山年鑑》）

尊重倫理，承先啟後

最近我們有許多「新」氣象，譬如僧團新接任的方丈和尚果東法師，法鼓佛教研修學院首任校長惠敏法師，以及新落成啟用的雲來寺；另外，法鼓人文社會學院的建設也正在緊鑼密鼓地規畫；而法鼓山社會大學已成立三所，現正準備開辦第四所。

將推動六倫教育

所謂「承先啟後」，對我個人而言，我的修學均源自我的師父，因此在任何一個場合，談到我個人的背景及理念時，我都不忘提及我的師父。所以今天的法鼓山與我的師父東初老人有關；至於我修行的法門，則與東初老人和靈源老人有關，這就是我的傳承，也是我念念不忘的師承。雖然他們對我教得不多，我依止他們的時間也不長，可是他們的精神與理念，我永遠放在心上。就像諸位是從你們的父母而來一樣，法鼓山法統的傳承是從我的師父而來，所以我永遠不會忘記我的師父，以及師父的道場——文化館與農禪寺。

人不能忘本，數典忘祖的人是不會壯大和持久的，因為無法繼承上一代的智慧和資源。以我來說，我的師父似乎沒有給我什麼，然而他的觀念、想法，以及二個小道場，就是我的基本資源，而我根據這些資源慢慢地發揚光大，這就是承先啟後。

希望法鼓山要能「承先啟後」，繼續保持開創時期的精神。不能因為換了一位新方丈就換一套想法、作法和觀念，這樣法鼓山就不穩定了。我希望法鼓山朝兩個方向去做：一要不斷提醒承先的祖德之恩；二要培育後起、後繼的人才。我們必須培養人才，目前法鼓山有僧伽大學，現在又新成立了法鼓佛教研修學院，這都是在培養法鼓山系統的佛教人才，更是在為整個臺灣及世界培養佛教人才。

注意品格及形象

培養人才是相當重要的任務，法鼓山團體有三大教育，其中又以大學院教育為主，目前有正在籌建的法鼓人文社會學院、即將招生的法鼓佛教研修學院，以及原有的中華佛學研究所與僧伽大學，這都是我們的希望，也可以說是承先啟後，佛法的慧命因此而不斷地賡續下去。

我常說「今天不辦教育，明天佛教就沒有前途」，諸位專職和義工，你們在分院或分支道場是否能感受到自己也在扮演著教育人才的角色？也能感受到自己在這裡受教育？希望諸位能夠在法鼓山服務一段時間之後，在生活的態度上有所改變，人格、品行，以及知見上都能有所成長，讓別人看到你之後，感到「士別三日，刮目相看」。

法師和專職是法鼓山這個團體的核心，諸位既然在法鼓山，別人到法鼓山來，就會把你們視為法鼓山的代表。如果別人接觸到我們覺得我們很好，和別的地方不一樣，能做到這樣，我們就成功了。

（二〇〇六年十月五日講於法鼓山園區專職菩薩精神講話，原收錄於《二〇〇六法鼓山年鑑》）

用人、募款、成事

二〇〇七年是「豬」年，一般都說豬很蠢、很髒，而且好吃懶做，真是如此嗎？其實不然，據說豬是很聰明的動物，很愛乾淨，也有學習的能力，所以，二〇〇七年應該是個智慧年，請大家多培養智慧，用智慧來耕耘福德。

今天我要講的主題是：「用人、募款、成事。」

前幾天，作家鄭石岩教授告訴我，他有一種感受：「法鼓山這地方因為來了一位聖嚴師父，師父把袈裟一甩，就把這片山頭化成了佛教的教育園區。」因為十多年前他曾到過這裡，當時這兒只是草莽之地；但現在再度造訪，見到山上一片欣欣向榮，無論人、事、建築都是那麼莊嚴整齊，環境也如此優美。

因此他有這種感覺，就像古代祖師大德所創的神話傳奇。

法鼓山真是一則神話嗎？當然不是。歷代所有的大道場，最初一定是有一個人，發了一個願，此人的修行很好、感召力很強，於是地方上大德善知識駐錫的消息不脛而走；或者發生了一些感應的事蹟，漸漸地，親近的人愈來愈多，房子也就一間一間蓋起來。古今許多大道場的發展，大多是如此，能在平時生活中攝眾，讓大眾安住、受到感化，親近道場的人，也會漸漸增多，如此才能真正接引眾生。可是道場的永續經營、團體的長遠發展，僅僅有主導者的個人魅力是不夠的，一定還要有安眾、化眾之力；也就是說，人來了以後，要讓大家有飯吃、有地方住，並照顧大眾的身心安住。大家身心安住之後，才有可能長久留下來，和我們一起努力向目標邁進。這就是找人和成事，而找人、成事，都必須同時募款。

出家人雖不是商場上的生意人，仍需要「開源」，畢竟道場或相關單位都是需要金錢維持。譬如早期我們辦中華佛學研究所，學生來了，老師也找到了，可是獎學金沒有著落，老師的薪水付不出來，還有校舍、設備，樣樣都要用錢。所以想成事，一定要找人、用人，也要募款！

募款要有方法和藝術

過去我們的勸募會員很熱心，每個月到護持會員家裡收護持金，現在這種熱心漸漸退減了。這當中原因很多，因為時代環境變了，人的想法變了，還有大家的收入減少，連帶捐款的額度也跟著縮減，所以募款愈來愈不容易。

但是在我的看法，事在人為，要看用心的程度。前陣子僧團首座惠敏法師告訴我，中華電子佛典學會（CBETA）有個數位佛教文化地圖計畫，希望我能支持，我一口答應了，後來我向某位信眾開口，對方也馬上應允贊助。這就是說，募款一定要先清楚目標、用途，還要能讓人看到未來的預期效果，這就很容易成功。

又像去年（二〇〇六）十二月的法華鐘落成啟用典禮，就是相當成功的例子，在募款上也有很好的成果和回響。這次活動邀請了「琉園」創意總監王俠軍為法華鐘設計兩款琉璃作品，做為此專案榮譽董事的紀念贈禮，大家看了這兩項作品都很喜歡，獲贈的人一方面是有了護持的功德，同時也為收藏一件獨特的藝術品而欣喜。

這就是用人、募款的藝術，也就是找有智慧的人來幫助我們募款。假如沒有適當的人來構思、規畫，募款就會變得很不容易。

成事要精打細算、當省則省

用人、募款，目的是要成事；負責成事的人必須知道要如何用錢。現在我們這個團體，募款與成事的單位是分開的，譬如中華佛學研究所、法鼓山僧伽大學、法鼓佛教研修學院和未來的法鼓大學，都是成事單位，也就是用錢的單位；找錢則由護法勸募組織承擔。我要呼籲用錢的單位，凡是需要支出的事項，一定要精打細算、謹慎用錢，當用才用，當省則省，如此才能讓募款體系的信眾們覺得他們的辛苦是值得的。

所幸這部分我們都相當用心，以法鼓山園區為例，週末假日時，經常有一群人在拔草、澆水，或是擦拭、灑掃，大寮的義工也常不眠不休地為大眾準備飲食。曾有人問：「法鼓山請這些人，一天要付多少錢啊？」其實他們不是受薪人員，全是發心的義工。他們無怨無尤，不覺得工作量多、瑣碎，而是做得非常歡喜，甚至很感恩可以在這裡植福、培福，覺得做義工真是太好了！

用錢有規畫、力求謹慎，用人則借重義工資源，這是我們團體的特色。我還要提醒大家，有三十元，要將三十元當成一百元來規畫，用三十元當基礎，漸漸有一點成績之後，再一邊做一邊找錢，最後可能成就的不只一百元的事，甚至更多。我們每次辦活動，剛開始經費都是不足的，可是活動圓滿之後，每每都有結餘，那就成為下一次活動的基金。

關於用人、成事，長榮集團的經營經驗頗值得參考。前不久我才讀完《張榮發回憶錄》一書，這本書儼然就是一部近代航運的發展史。張榮發的海運王國究竟如何成就的呢？主要有幾個原因。第一，他確認方向之後，絕不更改，即使歷經重重的挫折、打擊，仍然堅定往前走。其次是用人政策，他不斷栽培新人、培養後起之秀。第三是經營理念，自己賺錢，也讓人更賺錢；不僅讓自己成長，也幫助共事的夥伴同時成長。

張榮發的用人與經營理念，很值得我們讚歎和學習。然而法鼓山是個非營利事業團體，一般職場享有的福利如紅利、獎金，我們無法比照辦理，只能告訴大家在這裡工作，是修福修慧，是做布施，是從事淨化人心、淨化社會的一種服務。這話聽來像是唱高調，但真正的修行者是認同的，特別是一些長期的義工，的確是如此認知。

因此，請諸位一定要有此認知：在法鼓山工作，就是發願以慈悲心、奉獻心來為社會服務，為佛教的教育工作服務，為一切眾生服務；諸位是發了這樣的菩薩心，所以在法鼓山擔任專職。若能如此發心，你就會投入工作，總是很有精神。其實諸位也都在做著服務業的工作，是為服務而服務，如果我們每位專職的工作情緒好、服務態度佳，那麼我們的募款當然會跟著成長，如此必然能接引更多的人來參與及護持法鼓山。

共同開創法鼓山的千秋願景

我希望大家幫忙找人，找人來成事，事成則錢會跟著來，我們這個團體就能不斷成長。此外，成事的人要有宏觀視野，要有遠大的計畫，不要自限格局。所謂遠大，就是擴大時空條件來思考；思考幾百年以後的需要，思考全世界所需。要先有一個遠大的目標，然後從現在開始，一步一步腳踏實地，穩穩實實往這個目標前進。

我還要勉勵大家：是不是擔任主要的執事不重要，諸位要重視的是開創這個團體的百年大計、千秋願景。師父是一個開端，諸位要繼續往前，我們的團體才能時時開創新機。祝福大家，阿彌陀佛。

（二〇〇七年一月九日講於法鼓山園區國際會議廳專職菩薩精神講話，原收錄於《二〇〇七法鼓山年鑑》）

國家圖書館出版品預行編目資料

法鼓山的方向：萬行菩薩 / 聖嚴法師著 . --
初版 . -- 臺北市 : 法鼓文化 , 2019.02
面； 公分
ISBN 978-957-598-810-4（平裝）

1. 佛教說法 2. 佛教教化法

225.4 107023273

人間淨土 44

法鼓山的方向：萬行菩薩

The Direction of Dharma Drum Mountain: Its Volunteers

著者 聖嚴法師
出版 法鼓文化

總審訂 釋果毅
總監 釋果賢
總編輯 陳重光
編輯 林文理、詹忠謀、李書儀
內頁美編 陳珮瑄
地址 臺北市北投區公館路 186 號 5 樓
電話 (02)2893-4646
傳真 (02)2896-0731
網址 http://www.ddc.com.tw
E-mail market@ddc.com.tw
讀者服務專線 (02)2896-1600
初版一刷 2019 年 2 月
初版二刷 2019 年 9 月
建議售價 新臺幣 220 元
郵撥帳號 50013371
戶名 財團法人法鼓山文教基金會 — 法鼓文化
北美經銷處 紐約東初禪寺
Chan Meditation Center (New York, USA)
Tel: (718) 592-6593 Fax: (718) 592-0717

法鼓文化